eビジネス新書

No.405

週刊東洋経済

学び直しの「近現代史」

週刊東洋経済 eビジネス新書 No.405

学び直しの「近現代史」

本書は、東洋経済新報社刊『週刊東洋経済』2021年11月20日号より抜粋、加筆修正のうえ制作しています。情報は底本編集当時のものです。（標準読了時間 90分）

学び直しの「近現代史」　目次

世界史と日本史の融合

【歴史総合】グローバル視点の歴史教育

学習指導要領が改訂され、2022年度から高校での歴史科目が変わる。18世紀後半以降の世界と日本の歴史を横断的に学ぶ、「歴史総合」が新設されるのだ。必修科目であり、これが歴史のイントロダクション的な役割を果たす。より詳しい歴史は、選択科目である「日本史探究」「世界史探究」で2年生以降に発展的に学ぶ。「探究」の科目は、現行の「日本史B」「世界史B」をベースに新たに設置される。

現行の学習指導要領では世界史だけが必修で、日本史を学ばないまま卒業する生徒も多い。「日本史と世界史を並行して学ぶ歴史科目が必要だ」という声は、以前から歴史研究者や教育関係者の間で上がっていた。

これまでの歴史教育が暗記に偏りすぎているとの指摘を踏まえ、歴史総合では、資料を活用し、生徒が問いを立てて主体的に学ぶことを重視する。歴史の出来事や変化に対し、「なぜそうなったか」といった問いを重視し、文献やインターネットで調べたり、教室で話し合ったりして、歴史への理解を深めるとしている。つまり歴史総合は、①世界史と日本史との融合であり、②生徒が歴史の問いに対して主体的に考えられるようになること、を目指すものだ。

教科書は指導要領の内容に沿いながら、大学教授や高校教員が執筆。12点の歴史総合の教科書が検定に合格している。どの教科書を使うかは、21年夏までに高校ごとに採択が終わっている。

現代の課題と結び付ける

では実際に歴史総合は、どんな構成や内容になっているのかを見ていこう。

全体構成として特徴的なのが、近現代史を捉えるために3つの大きな枠組み（概念）を大項目にしていることだ。

その3つとは、①近代化（18世紀後半〜現在）、②国際秩序の変化や大衆化（19世紀後半〜現在）、③グローバル化（20世紀後半〜現在）、である。

「歴史総合」の全体構成

歴史総合での時代区分と3つの枠組み

近代化　18世紀後半〜
国際秩序の変化や大衆化　19世紀後半〜
グローバル化　20世紀後半〜
現在

A 歴史の扉

(1) 歴史と私たち

(2) 歴史の特質と資料

B 近代化と私たち

(1) 近代化への問い

(2) 結び付く世界と日本の開国
- (ア) 18世紀のアジアの経済と社会
- (イ) 工業化と世界市場の形成

(3) 国民国家と明治維新
- (ア) 立憲体制と国民国家の形成
- (イ) 列強の帝国主義政策とアジア諸国の変容

(4) 近代化と現代的な諸課題

C 国際秩序の変化や大衆化と私たち

(1) 国際秩序の変化や大衆化への問い

(2) 第1次世界大戦と大衆社会
- (ア) 総力戦と第1次世界大戦後の国際協調体制
- (イ) 大衆社会の形成と社会運動の広がり

(3) 経済危機と第2次世界大戦
- (ア) 国際協調体制の動揺
- (イ) 第2次世界大戦後の国際秩序と日本の国際社会への復帰

(4) 国際秩序の変化や大衆化と現代的な諸課題

D グローバル化と私たち

(1) グローバル化への問い

(2) 冷戦と世界経済
- (ア) 国際政治の変容
- (イ) 世界経済の拡大と経済成長下の日本の社会

(3) 世界秩序の変容と日本
- (ア) 市場経済の変容と課題
- (イ) 冷戦終結後の国際政治の変容と課題

(4) 現代的な諸課題の形成と展望

(出所)学習指導要領を基に東洋経済作成

3つの枠組みが「○○化と私たち」とあるように、時代の変化が現代のさまざまな課題とどうリンクしているかを考察させるようになっている。これらと導入部である「歴史の扉」の合計4つで、大項目が構成されている。

そして、中項目〈(1)(2)……と表記〉と、その下に配置された具体的な学習内容〈(ア)(イ)と表記〉で、時代の特質を概念で理解できるように構成されている。例えば、大項目B「近代化と私たち」では、18世紀後半から19世紀前半までを理解する概念として、「工業化」「世界市場」「政治変革（市民革命）」「国民国家」「立憲体制」「帝国主義」などが並ぶ。また、大項目C「国際秩序の変化や大衆化と私たち」では、「総力戦」「国際協調」「大衆社会」「社会運動」「恐慌」などが示されている。

全体構成でさらに特徴的なのは、大項目B、C、Dのそれぞれに中項目（4）を設けて、近現代の歴史と現代の課題との関わりを考察するような流れになっていることだ。例えば、大項目D「グローバル化と私たち」の中で、自由とその制限、平等や格差を学んだのちに、それが現代の課題とどうリンクするのかを考察させるような構成になっている。授業では、女性の権利拡張が進んだはずの現代でもなぜ女性の賃金は安いのか、などの問いが出てくるかもしれない。歴史上の問いは現代につながっているのだ。

こうして考えると、〝歴史総合的な視点〟は、大衆化やグローバル化が進む現代社会に生きる高校生に必要なだけでなく、すべての世代に求められる歴史との向き合い方なのかもしれない。

世界史Aと日本史Aが融合し「歴史総合」へ

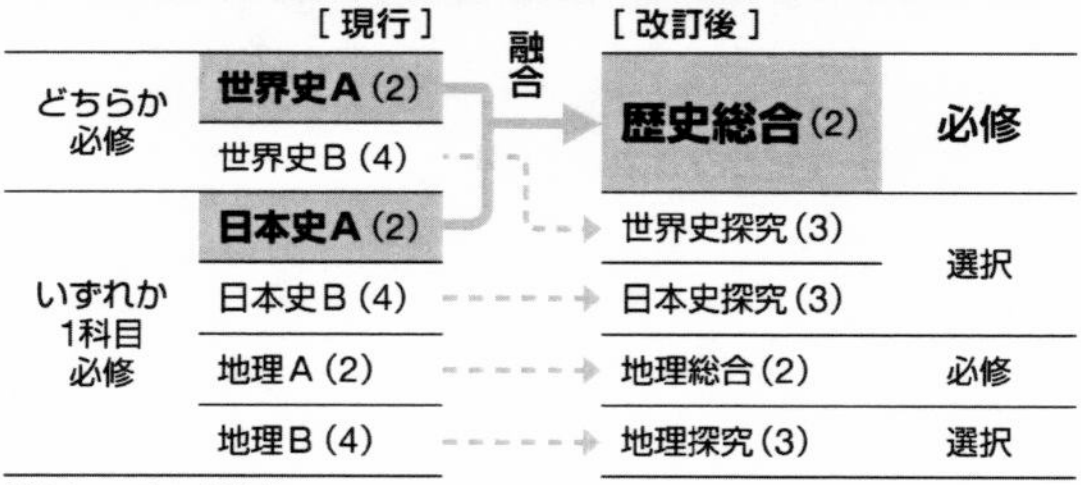

(注)カッコ内は単位数

もっとも教科としての歴史総合について、その構成や内容に批判があるのも事実だ。その最たるものが、18世紀後半以降を、「近代化」「大衆化」「グローバル化」の順番で説明していることだ。

三谷博・東大名誉教授（日本近世近代史）は、「グローバル化は近代以前においてもずっと生じていた。それが世界の一般的な学説だ。日本の『近代化』は、ペリー来航なくしては始まらなかったが、そのペリーは太平洋横断航路を開くためその寄港地を日本に求めてきた。つまりグローバル化への米国の意思が日本の近代を触発したのであって、順序がまるで逆になる」と指摘する。

歴史上、3つが順に起きたように説明するのは無理がある、という見解にもうなずけるものがある。この辺りは学界などでさらに議論されることだろう。

教育現場の負担が大きいという声もよく聞く。生徒の主体的な学びを大事にしつつ、通史としての歴史も教えなければならないというのは、「かなり大変」（現役教員）と不安の声がある。実際の授業ではしばらく模索が続くかもしれない。

（長谷川　隆）

INTERVIEW

「歴史の学び方が変わるはず」

文部科学省　初等中等教育局視学官・藤野　敦

歴史総合の導入に当たり文部科学省で実務を担ってきた藤野敦・初等中等教育局視学官に教科の狙いなどを聞いた。

――歴史総合の特徴を簡潔に表現するとどうなりますか。

地域の歴史は日本や世界の歴史とつながっており、世界史と日本史という垣根をなくした。「近現代の歴史の大きな変化」に着目し、「近代化と私たち」「国際秩序の変化や大衆化と私たち」「グローバル化と私たち」という3つのテーマ項目を設定した。それぞれの動きと、現代を生きる「私たち」にどんな関係があるかを理解してもらう構成になっている。
さらに、文部科学省が示した学習指導要領の「解説」にはいくつもの「課題（問い）」が載っており、なぜそうなのかを生徒自身に考えてもらう構成だ。課題意識を育みながら、歴史的事実を学び、歴史の大きな変化と現代の諸課題との関係を考察してもらう。
また、この科目の導入部では、歴史資料にはどんなものがあるか、あるいは歴史資料からはどんなことが学び取れるかといったことも学習する。歴史の学び方が大きく変わるはずだ。

――「歴史は暗記物」と考える社会人や、「受験科目にない歴史は勘弁してもらいたい」と考えている受験生はたくさんいます。

２０１５年度の高校生対象の「学習指導要領実施状況調査」では、歴史の勉強について、「好き」だと答えた生徒は半数程度。将来役に立つかという問いに「そう思う」と答えた生徒は半数に満たなかった。歴史は人間と社会の営みを教える総合学であり、歴史を教える教員はこれほど世の中の役に立つ学問はないくらいの気持ちでいるのだが、そこにギャップがある。

歴史は、過去の出来事の暗記科目だと認識されるのではなく、現代のさまざまな課題を自ら見つけて解決できるような力を育てる科目でありたい。

――高校までの歴史教育において、諸外国との比較で何か気づく点はありますか。

学習指導要領を改訂する際には、各国の教科書やカリキュラムも研究する。多くの国の歴史教科書には、資料があり、資料に関連する問いがあって、その問いを解くための視点や多様な考え方、そして過去の出来事が記述してある。教員はその教科書を使って、生徒の自ら学ぶ力を引き出していくイメージだ。教科書は「主たる教材」ではあるが、これを工夫して使いどう教えるかが教員の役割でもある。

「歴史用語」「歴史上の知識」はもちろん大事だが、決してそれだけにとどめてはいけない。教科書の太字を黒板に書いて説明するという授業が、もしかすると一部にまだ残っているかもしれない。しかし英語の単語を全部板書する英語の教員はいないはず。つまり用語の説明を満遍なく行うことが授業ではなく、歴史の変化とその意味がわかるような授業が求められる。

――教科書の執筆者も手探りであったと聞いています。歴史総合の教科書はどのくらい経つと「こなれる」ものですか。

例えば1989年に「世界史A」「日本史A」が導入されたが、初めはいろいろなタイプの教科書があった。そうした中で段々精査されていき、5年、10年経つと、それぞれの特徴を持ちつつ、さらに工夫を重ねていただいた。実践が積まれることで、歴史総合もさらに工夫していただけると思う。

（聞き手・長谷川 隆）

藤野 敦（ふじの・あつし）

中高教員として24年間勤務。2014年文部科学省に。視学官として高校教育全般、兼任の教科調査官として中学社会科、高校歴史総合、日本史探究を担当。

ムンディ先生の歴史総合講座

人気ユーチューバー歴史教師が教科書を読み解く

山崎圭一

2022年度から高校の必修科目になる「歴史総合」。特徴は「日本史と世界史の融合」と「18世紀後半以降の近現代史」です。このほか学習方法については、課題を設定し追究したり解決したりする活動を重視するなどの特徴があります。

ここでは教科書の歴史の記述について、世界史と日本史はどのように有機的に結び付けられているのかを3つの例を取り上げて紹介しましょう。比較的記述が詳しい2社の教科書を基に読み解いてみたいと思います。

ムンディ（山﨑圭一）先生

教え子からの要望で始めたユーチューブ授業が人気になり、登録者は12万人に。『一度読んだら絶対に忘れない世界史の教科書』は39万部、同シリーズの日本史は27万部の大ヒット

『一度読んだら絶対に忘れない
世界史の教科書』

中国と日本の近代化

1つ目の例として紹介したいのは、中国の近代化と日本の近代化です。歴史総合の「近代化と私たち」「国際秩序の変化や大衆化と私たち」「グローバル化と私たち」の3つの中心的構成要素のうち、「近代化」をめぐる内容です。

東アジアと近代国家の接触については、現行の世界史Aでは、アヘン戦争からアロー戦争、太平天国の乱から洋務運動と、清王朝末期の中国の歴史が中心に記述され、一方の日本史Aでは、ペリー来航と開国から明治維新、日本の近代化と日清戦争に至る日本の歴史が記述されており、生徒は中国と日本の流れを別々に学ぶことになります。

歴史総合では、この2つが1つの流れとして捉えられるように記述されており、両国の開港と近代化の道筋が対比され、不十分な改革に終わった清と政治体制を含めて近代化に大きな舵を切った日本が日清戦争で衝突する、という流れを理解できます。

教科書の東アジアの近代史を読み進めていきましょう。まず中国の開港について焦点が当たり、中国の開港とアヘン戦争、アロー戦争から、近代化を目指す「洋務運動」への流れが示されます。

西洋との貿易を広州1港に絞っていた清王朝に対して、「世界の工場」となっていた英国は、工業製品を輸出するため、港や商人を選ばず、自由に貿易がしたいと考えていました。また、輸入の窓口も広州1港に限定されていたため、広州の商人の言い値で茶を輸入するしかなく、英国から清に銀が流出していました。そこで、英国はインドのアヘンを中国に密輸し、中国に支払った銀をインド経由で回収するという三角貿易を展開します。

清は銀の流出を抑え、アヘンの害を抑えるためにアヘンの没収と一斉処分に乗り出します。英国はこれに対して艦隊を派遣し、清を攻撃します。これがアヘン戦争です。英国が勝利し、その結果、上海など5港の開港が決まりました。さらに英国は、巨大市場であった北京にアクセスするため、フランスとともにアロー戦争を起こし、天津などの開港を認めさせました。

清はこの2つの戦争の賠償金などのため、民衆に重い税を課しますが、これに反発した民衆は太平天国の乱を起こします。清の正規軍はこの乱を鎮圧することができず、義勇軍や外国の軍隊の力を借りて鎮圧することになります。

アヘン戦争やアロー戦争、太平天国の乱などの一連の軍事行動の中で西欧の近代的装備を目の当たりにした清は、洋務運動で近代化政策に舵を切ります。しかし、この改革は儒教などの中国の伝統や皇帝の独裁権の下での改革であり、政治体制や思想などの改革を認めなかったため、不十分な改革になってしまいました。

歴史総合では、このように中国の近代化について述べられたあと、日本についての記述に移ります。日本にペリーが来航して、日本は開国し、幕末の動乱があったのち、大政奉還が行われて江戸幕府が倒れます。明治維新では廃藩置県や四民平等など、政治体制や税制、軍制、教育制度などの徹底した改革が行われました。そして、自由民権運動を経た結果、日本に議会と憲法が導入されます。

日清戦争では近代化をより進めていた日本が勝利し、日本は朝鮮半島進出の足がかりを得るとともに、その先に位置するロシアとの対立を招くようになる、というストーリーです。

世界恐慌と昭和恐慌

次に、世界恐慌前後の世界史と日本史の融合例を紹介しましょう。「国際秩序の変化や大衆化」での内容です。

世界史における「世界恐慌のメカニズムからファシズムの進展」と、日本の昭和史における「昭和恐慌から満州事変、軍部の台頭」という流れが、歴史総合では有機的に結び付けられ、世界恐慌の影響が日本にも波及し、日本の満州進出や軍部の台頭と、ドイツでのファシズムの浸透、ドイツの東ヨーロッパでの勢力拡大とが、対比的になるよう記述されています。

まず世界恐慌発生のメカニズムです。米国の高度な工業化が商品の過剰生産を生み出し、供給過多から一気に売れ残りが発生し、恐慌状態に陥ったこと、そして米国に投資が集中していたため、貸し倒れに陥った各国の景気も低迷し、連鎖的に恐慌が波及してしまったことが説明されています。

この世界恐慌に対し、米国では政権交代が起き、ニューディール政策がとられ、英国やフランスでは広大な植民地の生産力と市場を生かして「自給自足」的なブロック経済政策がとられます。

一方で広大な植民地を持たず、米国からの資本が引き揚げられたドイツには深刻な不況がやってきます。その中で人々の支持を集めたのがヒトラーであり、ヒトラーはファシズムを先駆けて展開していたイタリアに倣い、ナチス政権に権力を集中させ、自身が総統という絶対的な指導者に就任します。そして軍備を増強し、新たな市場や農業・工業地帯を求めて東ヨーロッパに領土を拡大します。

このように、世界恐慌に関する世界の動向が示されたあと、日本の動きが示されます。日本では関東大震災ののち、銀行や企業の救済が十分に進まずに金融恐慌が発生します。この恐慌の連鎖の中で、日本が貿易を振興するために打った金解禁政策が裏目に出て世界恐慌の波を一挙にかぶってしまうことになります。その結果、貿易を行って金を蓄えるという狙いとは逆に金が世界に流出し、深刻なデフレを発生させてしまうという昭和恐慌が発生します。

この恐慌の中で、日本は「日本の生命線」といわれた満州での権益を重視するようになり、満州国を建国させます。その時期と並行して軍部の発言力は強まり、五・一五事件や二・二六事件を経て、軍部の意向を無視しては政治が動かない状況になります。昭和恐慌や軍部の台頭が、世界史の流れに関連して動いていることがよくわかるようになっています。

1 日中の近代を同時に学ぶ

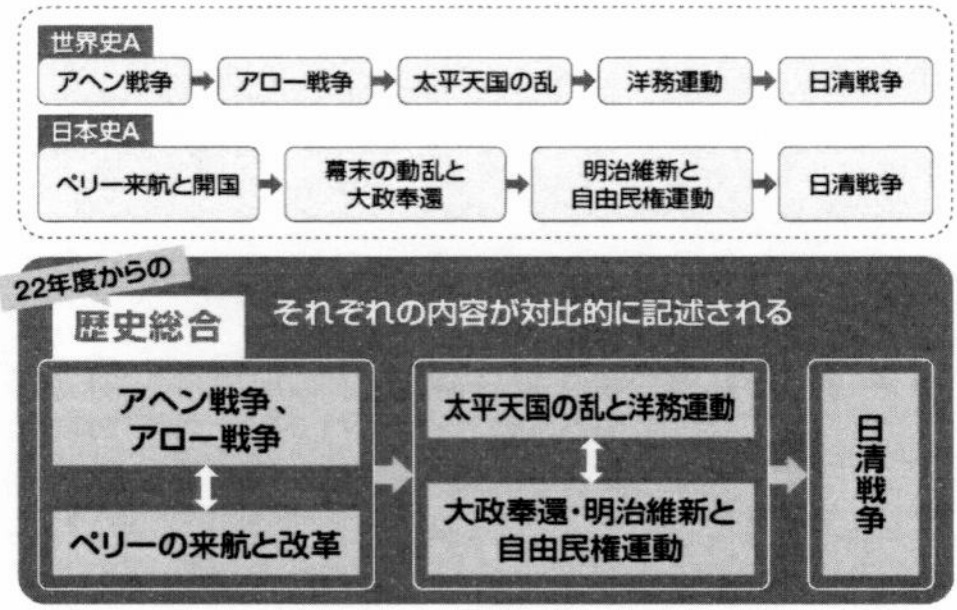
世界史A
アヘン戦争
アロー戦争
太平天国の乱
洋務運動
日清戦争
日本史A
ペリー来航と開国
幕末の動乱と
大政奉還
明治維新と
自由民権運動
日清戦争
22年度からの
歴史総合
それぞれの内容が対比的に記述される
アヘン戦争、
アロー戦争
ペリーの来航と改革
太平天国の乱と洋務運動
大政奉還・明治維新と
自由民権運動
日清戦争

2 恐慌の広がりを学ぶ

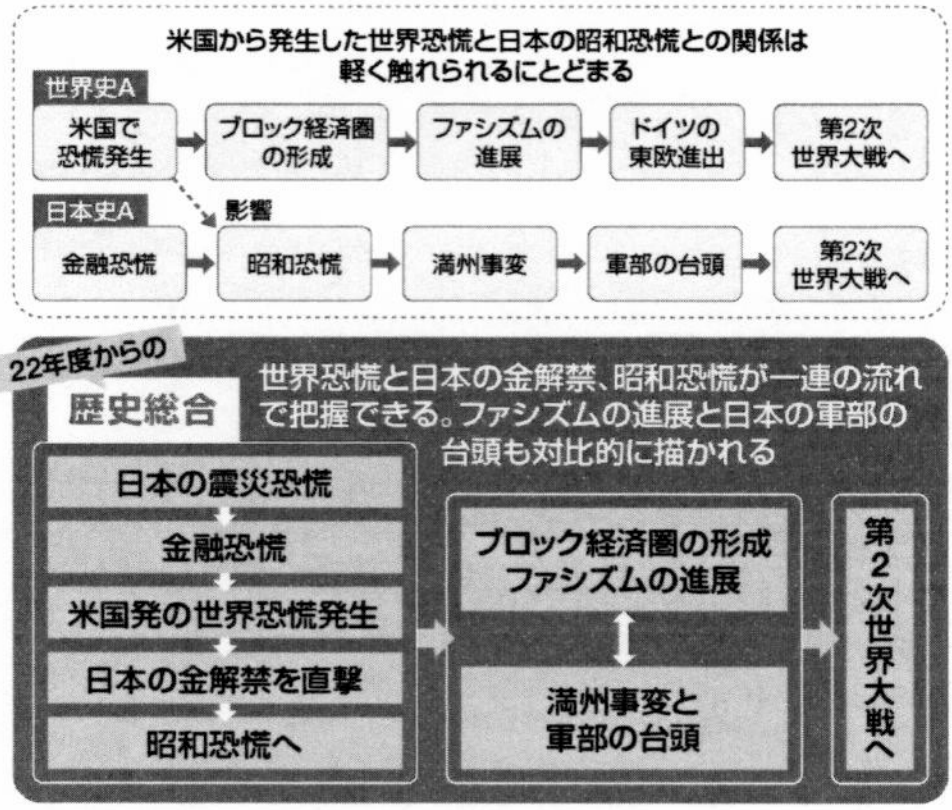
米国から発生した世界恐慌と日本の昭和恐慌との関係は
軽く触れられるにとどまる
世界史A
米国で
恐慌発生
ブロック経済圏
の形成
ファシズムの
進展
ドイツの
東欧進出
第2次
世界大戦へ
日本史A
影響
金融恐慌
昭和恐慌
満州事変
軍部の台頭
第2次
世界大戦へ
22年度からの
歴史総合
世界恐慌と日本の金解禁、昭和恐慌が一連の流れ
で把握できる。ファシズムの進展と日本の軍部の
台頭も対比的に描かれる
日本の震災恐慌
金融恐慌
米国発の世界恐慌発生
日本の金解禁を直撃
昭和恐慌へ
ブロック経済圏の形成
ファシズムの進展
満州事変と
軍部の台頭
第2次世界大戦へ

日本の戦後経済史

最後に「グローバル化」の内容の1例です。日本の高度経済成長とドルショックやオイルショック、プラザ合意、バブル経済といった経済的な動きと、世界の動きとを並行的に扱っています。

日本は第2次世界大戦後、連合国による占領を受けます。朝鮮戦争が勃発すると、米国は日本を「占領地」から「同盟国」にするための方針転換を行います。朝鮮戦争は「特需景気」を生み、戦後日本の経済危機は解消され、円安に設定された為替レートの下、日本は高度経済成長に向かいました。

しかし1970年代に入ると、ドルショックと第1次オイルショックという2つの出来事が起こり、日本の経済成長は終焉を迎えます。従来の日本史Aでは、この2つの事件が世界史の側から、「突然やってくる」ように扱われますが、歴史総合では、そうした世界史の事件と絡めて日本の経済史を見ることができます。

ドルショックの背景として、ドルを基軸通貨とするブレトン＝ウッズ体制の揺らぎや、冷戦の深刻化、ベトナム戦争の泥沼化があり、ドルの価値を保てないまでに金の保有量が低下したため、米国は金兌換を停止したことが理解できます。

オイルショックは、19世紀後半からのシオニズム運動や、二度の大戦を経てパレスチナ分割案、3次にわたる中東戦争までを扱ったうえで、第4次中東戦争でアラブ側が「石油戦略」をとったことを記述しています。

この2つの出来事によって、日本経済はマイナス成長に転じますが、小型低燃費の自動車やエレクトロニクス産業に力を入れることで再びプラス成長に戻ります。その結果、西側諸国との貿易摩擦が高まり、各国が協調介入を行うプラザ合意がなされます。そしてバブル経済へとつながるわけです。

3 世界の中での日本経済を学ぶ

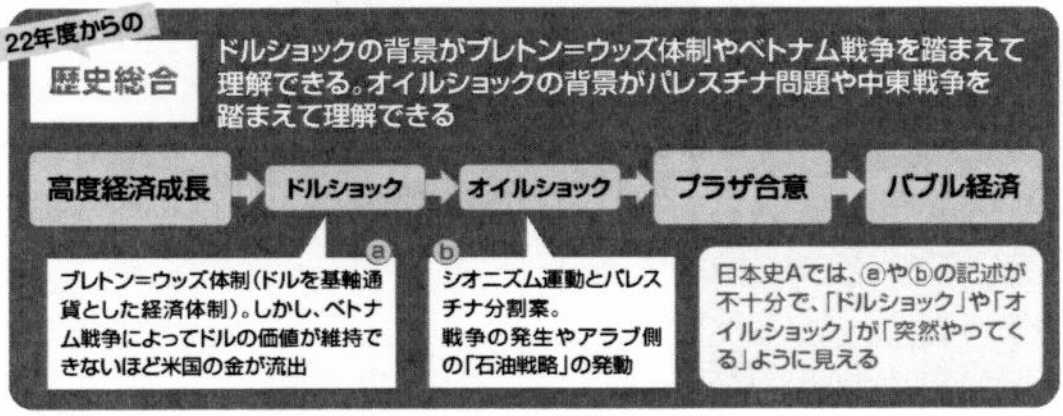
22年度からの
歴史総合
ドルショックの背景がブレトン＝ウッズ体制やベトナム戦争を踏まえて理解できる。オイルショックの背景がパレスチナ問題や中東戦争を踏まえて理解できる
高度経済成長
ドルショック
オイルショック
プラザ合意
バブル経済
ⓐ
ブレトン＝ウッズ体制（ドルを基軸通貨とした経済体制）。しかし、ベトナム戦争によってドルの価値が維持できないほど米国の金が流出
ⓑ
シオニズム運動とパレスチナ分割案。
戦争の発生やアラブ側の「石油戦略」の発動
日本史Aでは、ⓐやⓑの記述が不十分で、「ドルショック」や「オイルショック」が「突然やってくる」ように見える

このように歴史総合の教科書は、従来の日本史学習では不足しがちであった「世界の事情を理解しつつ、日本の歴史を理解する」構成になっています。

しかし課題も少なくありません。教科書の記述量が多く、ほとんどの学校では終わらせることができないのではないかと思われるほど分量が多いため、教育現場では入試に対応するために歴史総合の理念や教科書の構成に反した「詰め込み授業」が行われる可能性も大いにあります。指導法の確立には、現場での多くの試行錯誤を要するだろうと思います。

山崎圭一（やまさき・けいいち）
1975年生まれ。早稲田大学卒業後、埼玉県や福岡県の県立高校教諭を経て福岡県公立高校の講師。ユーチューブを通じて社会人にもファンが多い。

近現代史は14年周期で動く　今こそ伝えたい「歴史の教訓」

ノンフィクション作家・保阪正康

昭和史、とりわけ戦前昭和史に関する多くのノンフィクション作品を発表してきた保阪正康氏。昭和の当事者に直接取材し、明らかにしてきた歴史的事実も多い。日本の近現代史を知ることで、歴史の教訓が見えてくると話す。

――昭和史で数多くの著作を発表されてきました。

昭和史を調べ、次の世代に史実を伝えたいという思いで、軍人や政治家の評伝や評論、ノンフィクション作品を書いてきた。戦前の日本ではなぜ軍国主義が跋扈（ばっこ）したのか、自分自身で解明したいという思いがあった。

1960年代後半から東京裁判を調べ出したが、東京裁判は資料が膨大で関係先も多岐にわたる。とても1人でできる仕事ではない。そこで東條英機を調べてみようと決め、5、6年かけて取材し、1979年と80年に上下巻で『東條英機と天皇の時代』を出した。

その前から『死なう団事件 軍国主義下の狂信と弾圧』など昭和史の本を書いていたが、東條の本は彼を知る関係者に多数会って、戦争の時代と東條という人物の実像を浮かび上がらせることに力を注いだ。自分にとって大きな意味を持つ書である。

その後も、昭和を生きた軍人や政治家などさまざまな人に取材を重ね、証言や資料でその実態を伝えてきた。元大臣や元大将から二等兵、市井の人まで、戦争に関係した世代延べ4000人以上に取材をしてきた。

実証的な検証を重視

——歴史を扱う著作では、資料を徹底的に調べると同時に、当事者にも会うという、

実証的な検証を重視されています。

私は、歴史を帰納的に捉えるべきだと考えている。帰納的というのは実証的ということでもある。

戦後の日本の歴史学は長く唯物史観、つまりマルクス主義史観が支配していて、実証的に事象を調べるということがあまりされてこなかった。演繹的なアプローチが主流だった。調べたとしても、唯物史観に都合の悪い事実はことさら軽視した。

しかし、それでは歴史の本当の姿は見えてこない。歴史を実証的に検証し、そこから教訓を見いだしていく。唯物史観は教条的な歴史の見方がまずあって、そこに法則性を見ようとするが、そのやり方は、戦前の日本を支配していた皇国史観と通じるものがある。

——ソ連崩壊で冷戦が終結し、唯物史観の影響は薄れたのではありませんか。

1990年代以降は、実証主義的な手法と演繹的な手法の双方を取り入れる視点の重要性が認識され出した。とくに昭和史はジャーナリズムが事実を掘り起こしてきたから、研究者もジャーナリズム的手法を取り入れて、自らの論理を検証するようになった。

ジャーナリズムが実証的に検証した成果として得た歴史の教訓を、アカデミズムの学問的成果としての歴史法則と照らし合わせてみる。この20年ほどは、相互の動きが顕著になってきている。

――「日本の近代史は14年周期で動く」と指摘されています。

もちろん正確に14年というわけではないが、14～16年くらいの周期で時代に大きな変化が起きている。明治維新後の私なりの区分を言うと、

・1871～85年：近代化をめぐる14年
・85～1900、01年ごろ：富国強兵の15～16年
・1900、01年ごろ～15年ごろ：帝国主義間の力関係の中に日本が組み込まれる14～15年
・15～31年：第1次世界大戦と国際協調の16年

・31～45年：満州事変から戦争への14年
・45～60年：戦後復興の15年
・60～74年：高度経済成長の14年

となる。

日本が近代国家として出発したのが1871（明治4）年。岩倉使節団が欧米の近代国家を知るために横浜港から出発したのが近代日本の起点だ。85年には太政官制度から内閣制度に変わり、日本は近代国家としての体裁を整えた。「近代化をめぐる時代」だ。

「富国強兵の時代」は、まさに富国と強兵が国家目標。日清戦争に勝利し、1900年、中国の義和団事件では有力な帝国主義国家の一員として8カ国軍に加わるなど、軍事では欧米に肩を並べた時期である。

次の「帝国主義間の力関係の中に日本が組み込まれる時代」とは、日露戦争を控え1901年に日英同盟を結んだ後（条約締結は02年）、日露戦争（04～05年）に勝利し、第1次世界大戦（14〜18年）にも参戦した時期だ。15年に対華21カ条要求を突きつけたが、これは日本の対中国政策の誤りが、より明確になった出来事だったと考えている。

その次の「第1次大戦と国際協調の時代」は、国際協調の流れの中で軍部に対する批判もあり、民主主義思想が前面に出てきた。大正デモクラシーの時代である。

分岐点になった満州事変

そして日本にとって大きな分岐点になったのが、1931年の満州事変だ。これを機に日本は中国大陸へ本格的に軍事進出する。31年から45年までの14年間で日本は300万人を超える死者を出し、最後に国家は瓦解した。日中戦争、太平洋戦争の起点になった満州事変は大きな意味を持つ。

ただし、満州事変が起きた時点では、東京は平和な日常の中にあった。それがわずか14年の間に暗転した。満州事変の翌年の32年には満州国の建国が宣言され、同時期に、井上準之助・前蔵相、団琢磨・三井財閥理事長が暗殺される。そしてこの年の5月、犬養毅首相が暗殺された（五・一五事件）。

さらに国際連盟の脱退（33年）、天皇機関説事件（35年）、大規模なクーデターである二・二六事件（36年）があり、日本は戦争国家へと突き進んでいく。37年には盧溝橋事件によって日中戦争が始まった。

戦後は、1945〜60年の「復興と日本の独立」と、60〜74年の「高度経済成長」に区切ることができるだろう。

――14〜15年の周期性があるとして、そうなる理由は何でしょうか。

明確には説明できないが、結果としてそうなっている。

しかし、こんな仮説を持っている。日本人はとにかく一生懸命に目標に向かって走り続ける。そして短期間で目標に達する。換言すれば、よいことも批判に値することも短期間にやってのける国民性なのではないか。それで14〜15年続けていると、内外でさまざまな事態が起きて別の局面に移る。

14～15年周期説ですべてが説明できるとは考えていないが、近代日本の過ちは対中国の軍事政策にあって、その道筋には一定の周期があったと考えている。これが戦後になると、中国ではなく米国を軸にしての周期になる。占領からの独立、高度経済成長、変動相場制など、米国の政策の影響を大きく受けている。

ここでもう1つ指摘しておきたいのは、日本はほぼ10年おきに戦争をしていることだ。戦争への助走期間と戦後の収拾に4～5年かかると考えると、大体14年くらいの周期になる。この国の歴史を見ていると、戦争を1つの国家的な営業事業、営業品目のように捉え、政府と軍が一体となって帝国主義の流れに乗っかっていったように思えてくる。

テロが許容された時代

——日本の戦時体制が確立する中で、五・一五事件の重要性を指摘されています。この事件が与えた影響についてはどうお考えですか。

五・一五事件は日本型ファシズムが完成に至る導火線になった。事件をきっかけに軍部、政党間で厳しい権力闘争が起こり、裁判を通して、被告であるテロ実行者たち（海軍軍人、陸軍士官候補生、農本主義団体メンバー）への同情が集まった。国民の間に、政治、経済への憤懣（ふんまん）が共有され、被告への異様な共感が広がった。

ファシズムが社会を覆っていくときの時代潮流を、私は「3段跳び理論」と名付けた方法で捉えることができると考えている。

第1のホップは、テロ事件の発生。第2のステップは、3つの位相があって、①事件後の政治家や政党、軍部、宮中を含めた政治的な取引、駆け引き、②法廷での士官候補生たちの発言、③決行者たちに共感を持ってなされた報道、だ。

そしてついには、テロ当事者への共感が国民全体の世論に反映され、ファシズムを支持する体制が完成していく。この姿が第3に当たるジャンプである。

報道によって被告たちは英雄に祭り上げられていった。全国的に減刑運動が巻き起こり、減刑の嘆願書は100万通を超えたといわれている。最終的には、被告たちには禁錮刑を中心にした判決が下された。当時の常識に照らしても極めて軽い刑である。

では裁判の結果として何がもたらされたか。暴力が正当化され、動機が正しければどんな行為も許されるという空気が醸成された。五・一五事件は全体主義を完成させる出発点になってしまった。

第2次大戦で同じ枢軸国であったドイツやイタリアは、善悪は別として、一応は理念があってファシズムに傾斜していった。ところが日本は理念なしに、その時々、その場その場で道を選んでいく。その結果として、ファシズムが完成した。場当たり的ともいえるファシズム形成は、テロやクーデターが間断なく続くことによって、国民の平時のモラルが崩されたことと重なる。

こうした歴史を振り返ると、非常事態下では、歴史意識を研ぎ澄ませていなければ、本来は異常であることが正当化され、状況にのまれてしまうのだとわかる。それがこの国が経験してきたことだ。

——市民が昭和の歴史を学ぶことにはどんな意味がありますか？

ファシズムの形成について話してきたが、今のコロナ時代にも同じような危険性の萌芽がある。新型コロナウイルス感染症という強力な病気への対処では、私権の制限などもやむをえないかもしれない。しかし超国家主義的な動きには警戒が必要だ。

金融恐慌や世界恐慌によって、昭和の初め、農民や都市の末端労働者は疲弊し、その苦しみや怨嗟の声が青年将校らの国家改造運動に正当性を与えた。恐慌は、資本主義国家としての基盤が脆弱な日本を脅かし、国民は動揺した。恐慌の原因と結果は、いうなれば可視化されたものだった。

その中で、国民の意識はファシズム体制を支えた。その支える感情とは、恐慌やそれに対する無策の結果として浮かび上がる情念であり、その情念の一元化が日本の超国家主義思想へと転じていった。

今回のコロナ禍との共通性を感じるのは、可視化できる原因と結果について、時に感情ばかりを前面に出し、理性や知性とは無縁の態度を取ってしまうことだ。感染症への対応を通じても、歴史の教訓や警告を受け取ることができる。


（聞き手・長谷川　隆、福田恵介）

保阪正康（ほさか・まさやす）

１９３９年北海道生まれ。同志社大学文学部卒。７２年『死なう団事件』で作家デビュー。２００４年個人誌『昭和史講座』の刊行により菊池寛賞受賞。１７年『ナショナリズムの昭和』で和辻哲郎文化賞を受賞。近現代史の著書多数。

唐の分裂やモンゴル帝国の興隆は日本を変えたか

気候変動から見た日本史

京都府立大学教授・岡本隆司

「歴史総合」は主として近現代史を学ぶが、世界横断的に歴史を見る視点は、どの時代でも重要だ。日本の歴史は古来、大陸からの影響を受けてきたのであって、確かに同時代の中国に目を配ると、歴史の新たな一面が見えてくる。

過去、温暖化・気候変動が、現代ほど身近な課題だったとは思えない。それでも気候変動の実体が、歴史上なかったはずはないだろう。あったとすれば、どのような影響を及ぼしていたのだろうか。

なかでも日本史・われわれの来し方でどうだったのか、実はあまりよくわかっていないように思う。近年いわゆるグローバルヒストリーの観点から、国境を越えた環境や気候が歴史学の研究対象となり、一般の関心も集めてきた。それでもまだ検討は緒に就いたばかりだ。

そもそも、史実に影響を及ぼす地球規模の気候変動は、日本の歴史だけをみているとわかりづらいように感じる。日本列島は温暖湿潤で、人間の暮らす平地ではすぐれて農耕に適した生態環境だ。住民の社会的な分業は種々あったにせよ、主たる生業が農業生産だったことは疑えない。

そうした一元的な環境条件では、たとえ気候変動が発生して、影響を与えたとしても、目に見える社会経済的な史実では、おおむね作柄の豊凶や飢饉の有無に還元、包摂されてしまう。それに伴って、政治の動きも単調にならざるをえない。こうして列島では、ヒトの歴史と気候変動の相関がよく見えなくなっている。

それでも日本史は、大きな時代の画期をたびたび迎えた。7世紀から8世紀の律令国家の形成、11世紀からの武家政権の勃興、16世紀以降の天下統一の達成など、やはりダイナミックな歴史である。そんな歴史の展開と気候の変動は、はたして関係していなかったのだろうか。

その具体的で直接的な因果関係を論証するには、もちろん厳密な史料調査を通じた研究が欠かせない。しかしそれは専門家の仕事であり、一般の人々は大づかみな理解をしておき、細かな点は専門家の厳密な検証を受ければいい。

日本史にとって気候の変動がどのようなものであったか。それを理解するよすがの1つになるのが、中国史とつなげてみることだろう。日本は島国なので、外界との連絡・交渉に乏しい初期条件がある。いきおい、外との関わりにあまり立ち入らずに歴史を見がちだ。

とはいえ、それだけでは見えないことも、またたくさんある。気候変動との関連などは、その最たるものだろう。そこで例えば、日本の史実経過を近接する中国史の動向と照らし合わせて考えてみると、見えなかったものが視界に入り、新たな視野も開けてくるかもしれない。

寒冷化が生んだ律令体制

律令国家の形成は、日本の古代史の画期である。その律令とは中国由来の法制なので、中国・東アジアとのつながりは、つとに意識されてきた。それでも、輸入した律令の条文・土地制度など、日本の立場から見るばかりで、相手の中国・唐が実際に全体としてどんな国家だったのか、なぜ律令ができたのか、というような問題を十分に考慮してきたとは思えない。

唐は中国の長い分立時代を経て、ようやくできた統一政権である。それまでの分立は、主として黄河流域に遊牧民が南下移住してきたことで起こったものだった。

ではなぜ移住してきたか。その根本的な原因は、気候の寒冷化にある。北方の草原地帯で暮らしてきた遊牧民は、寒冷化で草原の植生が激減して生業の牧畜ができなくなり、生存のため移住せざるをえなくなった。

移民と既存の住民の間で、しばしば摩擦・軋轢が生じ、治安を継続的に維持しうる秩序は、なかなか構築できない。そうした秩序回復がひとまず実現をみたのが、唐の統一だった。つまり唐の律令体制とは、従前の分立時代、ひいては気候変動の歴史が刻印されているものなのである。

かたや日本列島は、ようやく国家形成の黎明期だった。建国に当たってモデルとできるのは、すでに数百年以上先んじている大陸の体制しかなかった。律令をコピーして国家体制をアップデートしたのも、そのためである。ただ、日本と唐との国情や経歴には、あまりにも隔たりがあった。列島は寒冷化・移民による動乱、政権の分立や統合に未経験であるため、それに応じたオリジナルな律令そのままのコピーは困難である。日本版の律令を作るにあたって、かなりの改編を経たのはよく知られたところだが、それでも日本の実情に合わないところが少なくない。

さらに唐のプレッシャーも減じていく。その大きなきっかけが8世紀の半ば安禄山が起こした安史の乱である。これは、玄宗皇帝を帝位から逐（お）って政権を変えたばかりではなく、唐そのものをほとんど別の国にしてしまうほどの変化を起こした歴史的大事件だった。

安史の乱自体は鎮圧されたものの、これ以降、黄河以北の平原に盤踞（ばんきょ）していた遊牧軍団は半ば自立して割拠状態と化す。これに応じた動きが、それまで唐の勢力下にあった東アジア各地でも模索されるようになった。

そうしたいきさつをもっと突きつめると、気候変動に大きく影響を受けてきた大陸の履歴と、それがさほど問題になったように見えない日本の歴史の過程との違いがいっそうはっきりしてくる。さらには、古代史の位置づけを捉えなおすこともできるかもしれない。

温暖化が唐の分裂を加速させた
—安史の乱当時の東アジア—

（出所）岡本隆司『世界史とつなげて学ぶ中国全史』を基に東洋経済作成

アジア・システムの誕生

律令体制からの逸脱、それにともなう武家政治の形成が、古代から中世への日本の歩みだった。北半球の気候は同じ時期、温暖化に転じている。それは大陸では、寒冷化に適応した唐とその律令体制の崩壊過程でもあった。日本の中世は、そうした動きと並行していたのである。寒冷が緩んで移動交通が活性化し、各地の生産も回復して、それに応じて在地勢力が伸長する。こうした現象が世界的な潮流だった。

それなら「中世」という列島内部の動きも、おそらく同じ現象の一環のように思われる。そして唐からの「コピー法制」だった律令ではいよいよ対応しきれなくなり、政治も文化も土俗化していった。鎌倉時代の到来は、そのピークをなしている。

ユーラシア大陸は13世紀にモンゴル帝国の建設を経て、大統合に向かった。そこで日本へも直接の圧力が来る。いわゆる「蒙古襲来」だが、このモンゴルの動きこそ、それまでの温暖化の総決算ともいえるだろう。

というのも、9世紀ごろから本格化した温暖化は草原の植生を回復させ、遊牧民の活動を促し、遊牧国家の強大化をもたらした。東アジアではウイグル・契丹・女真を経てモンゴルに行き着く動きだ。また農耕世界の中国では、環境の好転・競争の激化・資源の開発に伴い、「唐宋変革」という技術革新・経済成長・文藝復興が起こった。そうした政治軍事・経済文化の飛躍的伸長が結集したのが、モンゴル帝国の大統合だったのである。

モンゴルは武力のみで各地を制圧したわけではない。遊牧国家として政治と軍事を受け持つ一方、各地の商社・財閥とタイアップし、その活動を保護しながら支配するというギブ・アンド・テイクの関係を築く。シルクロードに沿うようにこの関係を広げていくことで、ついにユーラシア全域を単一の政権にまとめ上げた。

もともと遊牧と農耕の二元的世界だった東アジアが温暖化で多元化していった中で、モンゴルの権力下に多元的な複数の集団が政治や経済、文化を分業しつつ共存するという西洋近代とは異なる秩序体系、いわばアジア・システムが生まれた。

しかし日本は「蒙古襲来」を撃退して、その大統合＝アジア・システムに加わらなかった。このあたりも、日本と大陸の隔たりを表している。温暖化という気候変動を共有し類似の社会経済現象を経験しながら、結局は、大陸と異なる道をたどったところに、日本史の特性をみることができる。

世界史ではこのモンゴル帝国、日本史では「蒙古襲来」は１つの分水嶺をなしている。というのも、１４世紀に気候が寒冷化に転じたためだ。欧州でのペスト蔓延が典型で、世界全体が疫病と不況で暗転してしまう。

モンゴルは巨大な経済交流の中心にあった
―モンゴル時代の東西の経済的交流―

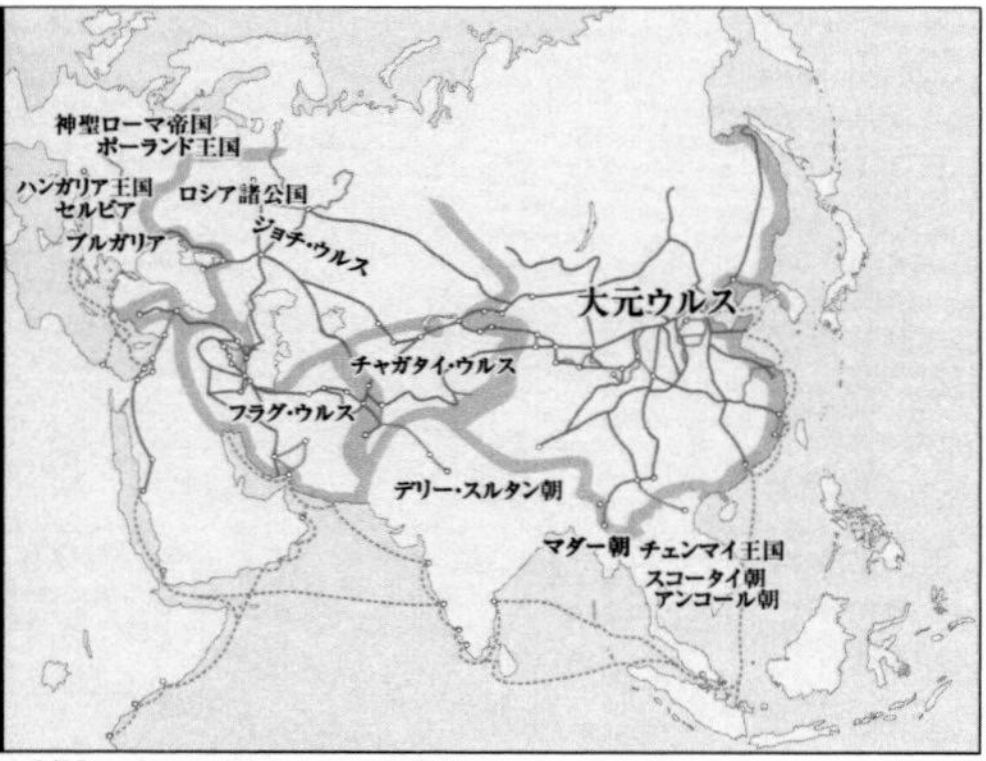

（出所）本田實信『モンゴル時代史研究』を基に東洋経済作成

以後の世界史はその「危機」から脱却すべく、新たな営為を始める。日本列島でも、鎌倉幕府の崩壊とそれ以降の騒乱が生じ、そこでも中国との関係が、絶えず問題になっていたことは見逃せない。

「危機」からおよそ200年。そのブレークスルーが大航海時代に始まる、「環大西洋革命」や産業革命、つまり西洋近代の形成であった。その動きはもちろん世界中に波及し、日本に及んだ影響は、戦国乱世や南蛮渡来、天下統一という16世紀以降の近世へ至る歴史に表れている。それがおよそ、明が滅び清が成立するという中国大陸の動乱とパラレルな過程だったことも注目すべき現象だ。

東洋史の視点

このようにみてくると、中国・東アジア・東洋史の視点から日本史を捉え直すことの意義がよくわかるのではないだろうか。

西洋の各国史はもちろん自国史だ。しかし、英国もフランスもドイツもいずれも隣り合い、しかも各国は列強として世界を制覇した経験もある。そのため、各国史は同時に西洋史でもあり、また世界史にもなりうる。

ところが、日本の場合はそうはいかない。いくら日本史を掘り下げても、全体的な世界史は出てこないからだ。折に触れて外国が登場はしても、あくまで日本からする意味づけにとどまっており、客観的な文脈は重視されない。それほど日本は世界から孤立して、独自だったともいえるだろう。

そのため明治の日本人がつくり出したのが、「東洋史学」という学問だった。江戸時代からすでに漢学で中国の史書・史実には親しんでいたので、西洋史とは別に東洋の「ワールド・ヒストリー」を作って、あらためて日本自身を見つめなおしてみよう、そして東西合わせた世界全体の世界史を構築しようと考えたのである。

とりわけ東アジアで圧倒的な存在の中国の歴史を抜きにして、空間的にも時系列的にも日本の位置を理解することはできない。日中両国は日本海を挟んで対峙し、お互いに不断の影響を及ぼしてきた。東洋史学によって中国や東アジアという世界を説明できれば、その関係性から日本のありようも明らかにできる。ひいては、世界全体における日本の位置づけも見えてくるのだ。

にもかかわらず、現在その東洋史学は、解体寸前の絶滅危惧種となった。大学にある東洋史・中国史の講座・授業には、誰も寄りつかない。いまや真っ先に消えてゆく運命にある。つまり日本人は、先人が築いたはずの東アジアからの目線と、日本を世界全体に接続する有力なよすがを失いつつあるといってもよいだろう。

気候変動と日本の歴史との関わりなどは、その一例にすぎない。しかし、温暖化が進んでいる昨今、日本史を学ぶにあたって中国史とつなげる意義を示すものではないだろうか。

岡本隆司（おかもと・たかし）
1965年生まれ。京都大学大学院文学研究科東洋史学専攻博士後期課程単位取得退学。博士。『中国史とつなげて学ぶ日本全史』『世界史とつなげて学ぶ中国全史』など著書多数。

【明治維新】危機に備えた指導者たち

東京大学名誉教授・三谷　博

いま、われわれが明治維新からくみ取るべきものには何があるだろうか。人により違うはずだが、私には長期的危機を予測し、その対応に成功したこと、また変革により払った犠牲が近代諸革命の中でかなり少なかったことのように思われる。

長期的危機の予測とは何か。江戸時代後期、18世紀末の政治指導者や知識人は、西洋が日本近辺に進出してきたとき、どう対処すべきかを考え始めた。ペリーに率いられた米艦隊が日本に現れる、およそ60年前のことである。

始めた最初の人は、寛政改革を主導した松平定信である。彼は西洋の世界進出を長期的な問題と認識し、その対策の基礎を築いた。1792年に最初のロシア使節が渡来する直前、外交政策に関して、「鎖国、避戦、海防」の3次元を立てて再編成した。

200年近く続いた鎖国の維持を基本目標とし、そのために西洋との紛争は拡大を回避するよう留意し、かつ紛争拡大に備えて海岸の防備にも着手したのである。彼の退任後、北方でロシアとの衝突が生じたとき、それが生きた。これが無事収拾された後、徳川の内部では地球の裏側の国と戦争が起きるはずがないとの観測が広がり、危機意識はいったん緩和した。

しかし、天保改革を実行した水野忠邦はその一環として江戸湾の海防調査を行った。これまたアヘン戦争が勃発する直前のことである。アヘン戦争で清朝が英国に敗北した後には、阿部正弘が再度、対外政策の徹底的な見直しを行った。つまり、徳川の首脳は西洋使節の渡来に先立ち、三度にわたって対策を準備していたのである。中国と異なって、西洋への開国を戦争抜きでなしえたのはこのためであった。

1858年の安政5年政変以後、尊王攘夷運動が急激に台頭し、幕府も一時はこれに振り回された。しかし、攘夷運動の高揚は、条約勅許の問題に将軍継嗣の問題（14代将軍をめぐる徳川家茂派と一橋慶喜派の後継争い）が絡まって生じたことであって、継嗣問題が円滑に解決できていたら、開国は混乱なしに進んでいったはずである。

要するに、ペリー以前、60年余りの日本の政府と知識人は、長期的危機に対する思考実験を繰り返し、それゆえに危機到来にうまく対処できたのである。

「未来に必ず危機が到来するはずだが、いつそれが現れるか。その深刻さはどうか、わからない」。この問題構造は現在のわれわれが意識している気候温暖化、資源枯渇、小惑星の衝突などの長期的問題と同じである。

長期的な予測ができて、必要な対策がわかっていたとしても、実行は難しい。既得権と犠牲という壁がある。19世紀の日本はこれを越えるため「外圧」を利用した。

明治維新も近代化もペリー来航なくしては始まらなかった。そのペリーの背後にはグローバル化への明確な意志があった。米国の国務長官ウェブスターは、米西海岸と上海を結ぶ太平洋横断航路を開設するため、航路途上の日本に港を開く使命をペリーに託したが、それは大西洋、インド洋、太平洋を結ぶ地球大の蒸気船定期航路を開設するというグローバルなプロジェクトの一環だったのである。

維新は壮大な階級革命

戦後日本では、維新に始まる日本の「近代化」は外発的であり、内発的に革命を行ったフランスと比べると一段劣るとしばしば語られた。しかし、明治維新は支配身分の武士を解体した。結果を見ると、これほど大規模な階級革命はめったにない。かつ、内発的と称揚されたフランス革命は、英国に対抗しようとアメリカ革命（独立革命）に加担し、極度の財政難に陥ったことから始まった。

17世紀のイギリス革命（清教徒革命と名誉革命）も大陸からプロテスタント信仰が伝わらなかったら起きなかったはずだ。つまり、ほとんどの革命は外発的要因を持っているのである。それがなぜ国内に大変革をもたらしたのか。日本については、渡辺浩『明治革命・性・文明』（東京大学出版会）をご覧いただきたい。

さて、西洋への開国を機に始まった明治維新は政体の変革や身分制の解体など近代世界最大規模の革命となった。にもかかわらず犠牲は約3万人強にとどまっている。フランス革命が約155万人だったのと比べると著しく少ない。その原因は何だったのか。

第1は、欧米の革命に付きものの対外戦争がごくわずかにとどまったことである。その基底には、近世東アジアで国際関係が極めて希薄だったことがある。日本は朝鮮や清朝など隣国からの干渉をまったく経験しなかった。ヨーロッパだったら即座に介入されたはずである。ここ数十年の日本史では、近世日本は鎖国していなかったという解釈が風靡しているが、同時代の世界と比べたら、その説は成立しないはずである。

他方、西洋との関係であるが、幕府は一時はぐらついたものの結局は西洋との戦争を回避した。かつ、尊王攘夷論者は京都で徳川将軍家を戦争に駆り立てようと頑張ったが、その主流は対外戦争にはこだわらなかった。長州藩は欧米列強に敗れ、開国派に転じた。これは軍事力の劣勢を思い知ったからではない。長州藩士たちが水戸学から受け継いだ攘夷論は元来、西洋の排除より国内改革の起爆剤とするために主張されたものだった。国内で戦争を始め、それを抜本的な改革の手段に使えるようになったとき、対外戦争の必要はなくなったのである。

こうして維新の日本は対外戦争を免れた。フランス革命の犠牲者は4分の3が対外戦争に由来するものだったから、そのもたらした差異は大きい。

ただし、維新の犠牲者の圧倒的な少なさは、これだけでは説明できない。直接には、政争のほとんどが交渉を通じて行われ、暴力への訴えがまれだった事実がある。桜田門外の変や鳥羽伏見の戦いのように、暗殺や戦争が政治の行方を左右したこともあるが、幕末政治のほとんどは交渉によった。

安政5年に登場し、明治でもしばしば使われた「公議」「公論」という言葉がそれを後押しした。当初は、公開での議論や政府への批判・提言ではなく、閉じられた場での政治参加の要求であったが、言葉の性質上、開かれた場所での議論を意味するように変わり、政治参加者は次第に増加していった。

双頭国家で議論が中心に

どうして「公議」「公論」が必要になったのか。近世日本が双頭・連邦の国家（天皇と将軍を頂く国家の連合体）だったことがその基礎にあると思われる。同時代のプロイセンと異なって、政権を掌中にした薩・長には260余りの藩（小国家群）を圧倒する軍事力はなかった。大名と協力し、人材を集める以外に統合を維持強化する方法はなかったのである。

五箇条誓文の第1条「広く会議を興し、万機公論に決すべし」や明治初年の改革を佐賀藩出身の大隈重信が牽引した事実は、その間の事情を雄弁に物語っている。

維新の犠牲者のほとんどは戊辰内乱と西南内乱（西南の役）により生じたが、前者は東北、後者も九州南部に限られた。幕末から明治初期まで、新体制を求める政争のほとんどは「公論」の名の下、交渉により行われたのである。

三谷　博（みたに・ひろし）
1950年生まれ。専門は日本近世近代史。東洋文庫研究員。主著に『維新史再考　公議・王政から集権・脱身分化へ』『日本史からの問い　比較革命史への道』。

【日露戦争】「鉄道利用」で地の利

慶応大学名誉教授・横手慎二

日露戦争（1904～05年）は明治期の日本が朝鮮半島と満州（中国東北部）の支配権をめぐってロシアと激突した大戦であるが、そのうちの陸上の戦いは、旅順をめぐる戦闘を除けばほとんど鉄道沿線でなされた。

これは数万の兵員と物資を速やかに移送する手段として船と鉄道しかなかった時代の戦争だからである。戦場は日本に近く、日本軍は船と鉄道と徒歩によって戦地に赴いたが、主要部分が欧州に位置するロシアは鉄道を利用して軍を極東に送らざるをえなかった。

ところが、それほど本質的な意味を有した鉄道輸送の問題は、司馬遼太郎の『坂の上の雲』では断片的に触れられる程度で済まされている。この点、陸軍将校の谷壽夫(ひさお)による『機密日露戦史』では、兵站(へいたん)を論じた章の中で「鉄道を有せざりし戦役初期の兵站業務は至るところ困難を感ぜざることなかりき」といった具合に、日本軍が逢着(ほうちゃく)した問題を個別に書き上げている。しかしこうした取り扱いでは、鉄道が持った意味を全体的に捉えることはできない。

双方が鉄道を重視

日露戦争は1891年にロシアが着手したシベリア鉄道の建設に淵源を持つ。日本の研究者の中には、鉄道は蔵相ウィッテが推進したもので、ロシア側の意図は文明的使命感や経済的利益追求にあったのに、山県有朋や日本の軍部がそれをもっぱら軍事的脅威として捉えたのだと説く者がいる。

これは一見するともっともらしいが、当時の軍事的常識からすると奇妙な議論である。というのも、鉄道の戦争利用が如実に示されたのは日露戦争の1世代前に起こった普墺（ふおう）戦争（1866年）と普仏戦争（1870~71年）のときで、この2つの戦争でのプロシアの勝利は欧州諸国を震撼させ、ロシアでは軍部を中心に欧州における鉄道網の整備が唱えられた。

いつの時代も戦場に速やかに大軍を集結し、保持できるか否かが戦争の帰趨を定めるのであるから、ロシア軍部がドイツとオーストリアの軍に対峙する方面で鉄道建設を急いだのは自然である。ともかく彼らにとって鉄道は戦争と密接に結び付いていた。

一方、日本は、2つの戦争の戦略を立てたプロシア軍人のモルトケの推薦でその弟子であったメッケルを招聘しており、鉄道の戦争への利用は早くから理解していた。その成果の一端は日清戦争で示された。要するに、シベリア鉄道が完成すれば、それが戦争の際に利用される可能性が高いことは、日露両国の軍人と政治家にとって自明だったのである。

このため、戦争が迫ってくると、日本陸軍はシベリア鉄道の輸送能力に強い関心を寄せた。参謀本部を包んでいた雰囲気は、例えば、大正期に沼田多稼蔵大尉が著した『日露陸戦新史』の冒頭部分の次のような文章によく表れている。

「(明治) 三十三年 (一九〇〇年) 我が参謀本部の計算に依れば、モスコウより一軍団を輸送するにハルビンまで約七十七日を要し、……然 (しか) れども東清鉄道は、ハルビン—カイダロウォ間は遅くも三年の後に、またウラジウォストック—ハルビン—鐵嶺 (てつれい) 間は三十三年秋を以 (もっ) て完成するの状況にあるを以て、露軍の戦略関係は逐年有利の状況に向ひつつあり」

つまり、ロシア軍のシベリアへの輸送能力からみて、鉄道の完成前に戦争を始めることが日本にとって有利であり、逆に外交交渉が遅延すれば極東に向かう鉄道が整備され、輸送力が増して戦略関係がロシアに有利になるというのである。こうした事情こそ、日本側が開戦前の外交交渉の遅延をロシアの策略と見なし、一方的に開戦の火ぶたを切った主たる理由であった。

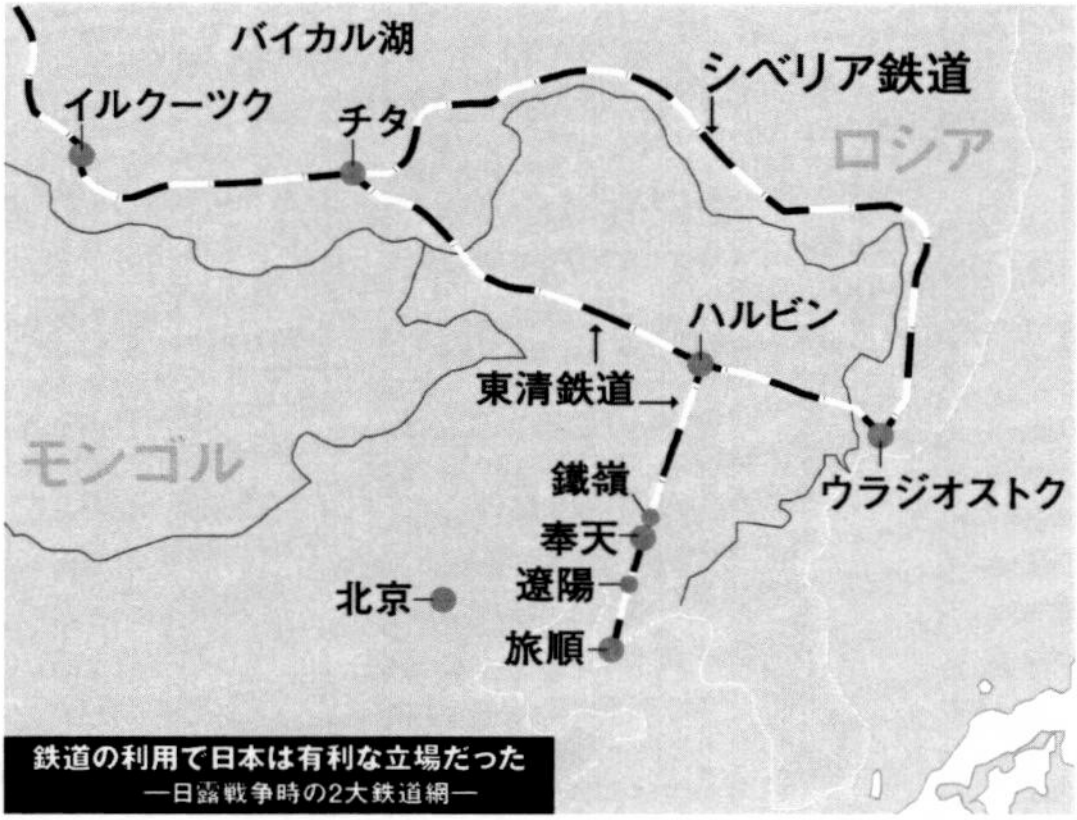

鉄道の利用で日本は有利な立場だった
—日露戦争時の2大鉄道網—

1904年2月に戦争が始まった後も、日本軍はロシア軍の鉄道輸送能力を注視し続けた。満州軍総参謀長の児玉源太郎が同年11月に本国に送った以下の文章がこの点をよく示している。

「(露国は）わが国力と兵力との真価を味わい、その兵力の足らざるを自覚し、にわかに満洲の兵力を増加するの必要を感ぜしも、奈何（いかん）せんシベリア鉄道現在のままにては増加をとげたる後の兵力を養うに足らず。ここにおいて露国逓信大臣ヒルコフは鋭意改築に着手し非常の努力不撓（ふとう）の堅忍をもって目下その輸送力を開戦当時に比し少くも二倍に至らしめたり」。

これが児玉の認識だったのである。その観察が極めて正確であったことはロシア側の資料によって確認できる。

ロシア側が戦争直後に編纂した戦史は、シベリア鉄道の軍用直通列車（軍隊、貨物、衛生用列車）が1日に何列車、満州まで到着したのか、その平均到着数を月ごとに記している。

それによれば、1904年2月は1日当たり2・1列車、3月は3・7列車であったのに対して、10月は9・0列車、11月は10・0列車であった。月を追うごとに到着数が増加したわけではないが、それでも春から11月までに輸送能力は3倍近くまで向上していたのである。ちなみに、ロシア軍司令部はすべての軍用列車の予定表との誤差も明確にしており、71・3%が1日から39日遅延し、19・4%が予定どおり到着し、9・3%が予定より早く到着した。

そして終戦までにハルビンに到着した人数は、将軍や将校などが12万0116人、一般兵が127万4450人で、そのほかに馬が23万0269頭、貨物が5800万プード（プードはロシアの単位で約16キログラム）送致されたと記している。当時の日本軍の常備兵力はおよそ20万人（戦時30万人）で、04年8月末から始まる遼陽会戦の開戦時の総員は12万5000人、翌年2月の奉天会戦のそれは25万人であったとされるから、満州に送られたロシア軍がいかに巨大であったか理解できよう。

迅速に鉄道網を整備

だが保有兵力がいかに多大でも、児玉の説くごとく、実戦では速やかに戦場に投入できる軍隊がすべてである。西に仮想敵を有し、シベリア鉄道を後回しにせざるをえなかったロシアは不利であった。

これに対して日本は兵数こそ限られていたが、船と鉄道を巧みに利用して、輸送の課題に対応した。例えば、戦争初期に日本軍はロシアが敷設した東清鉄道を奪取したが、この鉄道を運行させるためにはロシア鉄道の軌間5フィートで走る車両や機関車を必要とした。しかし、線路を奪われたロシアもさすがに車両や機関車は押さえており、日本はすぐに運行に支障を来した。

この状況で日本側は、日本国内の鉄道で走る3フィート6インチ軌間の車両を急ぎ輸送し、これを東清鉄道の広軌に合うように改修して使うことにした。これが成功し、日本軍は9月には会戦で獲得したばかりの遼陽を「兵站主地（へいたんしゅち）」にすることを決めた。これはさらに北方でロシア軍と戦う日本軍を補給面から支えるためである。
　ひるがえって見れば、鉄道による軍と軍需物資の迅速な輸送に象徴されるように、日露両国は20世紀初頭までに欧州諸国が開発した戦争の作法を学習し、それを能力の限り駆使して戦った。その結果、日露戦争は20世紀最初の大国間の戦争になったのである。

横手慎二（よこて・しんじ）
1950年生まれ。専門はロシア政治外交史。慶応大学でロシア政治、ロシア外交を教えた。著書に『日露戦争史』『スターリン』『現代ロシア政治入門』など。

【対華21カ条要求】世論におもねった外交

京都大学大学院教授・奈良岡聰智

1915年1月、日本は中国にいわゆる21カ条の要求（対華21カ条要求）を提出した。前年7月に第1次世界大戦が勃発すると、日本は同盟国である英国側に立って直ちに参戦し、敵国ドイツが領有していた山東半島の青島周辺を占領した。21カ条要求は、日本がこの旧ドイツ領を当面統治し続けることを中国に認めさせるとともに、日中間に存在する諸懸案を一挙に解決することが目的であった。

当時日中間の最大の懸案が、満州権益の延長問題だった。日本は、日露戦争に勝利し、ロシアから遼東半島の租借権、南満州鉄道の使用権を手に入れた。しかし、それらは最も早いもので23年には中国に返還しなければならなかったため、租借・使用期限の延長は日本外交にとって焦眉の課題となっていた。

第1次大戦の勃発は、欧州列強が中国情勢に関与する余裕を失うことを意味し、大隈重信首相、加藤高明外相をはじめ、日本の政治指導者の多くが、満州問題を解決するチャンスが到来したと受け止めた。元老・井上馨（かおる）の「天祐」という有名な言葉が当時の雰囲気をよく示している。こうして日本は、旧ドイツ領山東半島の継承のみならず、満州権益の租借・使用期限の延長を中国に要求するに至った。

もし日本の対中要求が山東半島と満州の問題に限られていれば、日中交渉はそれほど難航しなかったかもしれない。しかし日本が出した要求は多岐にわたっていた。具体的には、漢冶萍公司（かんやひょう こんす：中国最大の製鉄会社）の日中共同経営、中国沿岸部の外国への不割譲という以前からの懸案に加えて、中国政府による日本人顧問の雇用、日中警察の一部合同、中国による日本製武器購入の義務化など、中国を「保護国」にするかのような内容や、揚子江流域の鉄道利権の獲得といった英国の権益と衝突することまで含まれていたのである。

加藤外相は、欧米列強が反発すると予想した要求7カ条を、ほかの要求とは異なり欧米列強に事前通告しなかった。そして中国側に、交渉内容を他国にいっさい漏らさないよう要請し、要求を早く受諾するよう迫った。

欧米からも反発を招く

しかし、中国の袁世凱大総統は日本の要求に強く反発し、要求全文を世界に暴露することで、日本に対する反発をあおる戦術を取った。中国の反日世論は高揚し、世論の支持を得た袁は日本の要求を拒んだ。欧米列強もしだいに日本に対する批判的姿勢を強めた。とくに米国のウィルソン大統領は中国への同情を鮮明にし、英国も日本が要求を緩和しなければ日英同盟の将来が危うくなることを示唆した。

その結果、交渉は難航し、膠着状態が3カ月余りも続いた。最終的には15年5月、日本は前述の7カ条などを削除せざるをえなくなったが、そのうえで残余の要求の受諾を迫る最後通牒を発した。中国側はやむなくそれを受け入れた。日中戦争の可能性もちらつく中で、外交交渉はかろうじて妥結に至ったのであった。

それにしても、なぜ日本はかくも広汎な要求を中国に突きつけたのだろうか。第1に指摘できるのは、11年の辛亥革命以降、中国をめぐる国際情勢が流動的になっていたことである。当時は帝国主義の全盛期であり、列強が政治的混乱に乗じて権益の伸張を図るのは当然のこととされていた。実際、14年7月に中英間で締結されたシムラ条約でチベットの独立性が認められ、15年5月に中ロ間で締結されたキャフタ条約により外モンゴルの自治が承認されるなど、列強は辺境地域の中国からの分離を後押ししていた。こうした中で、日本が中国で影響力拡大を図るのは不自然なことではなかった。

ただし、そのやり方と規模には問題があったと言わざるをえない。第1次大戦が始まると、英国、フランスは中東への影響力浸透を図り、イタリアはアドリア海周辺地域の獲得を目指すようになった。欧州の戦場とは直接関係ない米国もメキシコへの武力干渉を行うなど、列強は勢力圏拡大を競った。

21カ条要求もこれらと同様の帝国主義的政策ではあったが、あまりにも多くの新規利権を獲得しようとしたこと、その一部がほかの列強の既得権に抵触していたこと、さらには列強間で合意されてきた「領土保全」「機会均等」「門戸開放」という対中国政策の原則に反していたことが、欧米列強から問題視された。要するに日本の行動は、帝国主義の慣例に照らしても「やりすぎ」だと見なされたのである。

第2に、日本の世論が政府への大きな圧力となっていたことを指摘できる。辛亥革命以降、日本では中国での利権拡張を求める世論が強くなり、武力干渉や「軟弱」な外務省に対する批判が声高に叫ばれるようになっていた。この傾向は、大戦によって一層顕著になった。

大戦は日本とまったく関係のないところで発生したが、日本は欧州以外の国で初めて、しかも開戦後1カ月も経たないうちに参戦している。この異例ともいえる参戦決定を、政財界の指導者やメディア、知識人もこぞって支持し、積極的な利権拡張を主張した。野党・立憲政友会総裁の原敬、東洋経済新報社の石橋湛山らの慎重論は、こうした「対外膨張圧力」の中でかき消されていった。

この圧力は青島が陥落すると一層強くなり、山東半島を永久に領有すべし、この際中国で広汎な利権を獲得すべしといった形にエスカレートしていった。21カ条要求は、こうした各方面からの圧力を受けて策定されたものであった。

横溢する対中軽視の風潮

当時の世論には、明らかに中国を軽侮する意識が反映していた。新聞では、しばしば「アジア・モンロー主義」(米国の対中南米政策に倣い、日本が独自の対アジア政策を進めるべきだという考え方)が主張されていた。また、当時描かれた諷刺画には、「弱い中国」を揶揄し、日本の中国進出をあおるようなものが少なくない。

第3に、国内政治の影響も指摘できる。1900年の立憲政友会創立以来、日本の政党政治は一党優位の形で発展したが、大正時代に入ると第二党・立憲同志会が結成され、14年4月成立の大隈内閣で立憲同志会は政権入りした。

大隈内閣は少数与党だったため、政権運営は当初非常に苦しかったが、大戦の勃発で政情は一変した。大隈首相は直ちに参戦を決定し、戦時下の「挙国一致」ムードを利用して、内閣への支持率を上げた。そのうえで衆議院を解散し、翌年3月の総選挙で与党は大勝利を収めた。実は21カ条要求はこうした中で出されたものであり、対外膨張を求める世論に大隈内閣がおもねった所産だったとみることも可能である。

第一党に躍進した立憲同志会は後に憲政会となり、2大政党の一翼を担うことになるのだが、それは大戦期の対外膨張論に便乗したがゆえに可能になったという面があり、対外的には日中の紛糾を招いていたことを忘れるべきではない。その意味で大隈首相、加藤外相の政治的責任は重い。21カ条要求は、民主化の進展と対外膨張が「あざなえる縄」のごとく複雑に絡み合った事例として見ることができよう。

奈良岡聰智（ならおか・そうち）

1975年生まれ。京都大学法学部卒業、同大学院修了。『加藤高明と政党政治』で吉田茂賞、『対華二十一ヵ条要求とは何だったのか』でサントリー学芸賞を受賞。

【世界恐慌】「経済的孤立」という神話

名古屋商科大学教授・原田　泰

1929年の米ニューヨーク証券市場の大暴落をきっかけに始まった世界恐慌は、30年代の世界経済を混乱と停滞に陥れた。

その中で日本はダンピングにより輸出を急増させ、世界からの反発を招いたとされる。だが、各国からの反発は事実ではあるが、それがいわゆるABCD包囲網（米国、英国、中国、オランダによる排日的な経済連携策）を招き、苦しめられた日本が自ら戦争に突き進んだという、多くの人が信じ込んでいるストーリーは間違いである。戦前の日本の輸出はそれほど伸びていなかった。

なぜ、日本人は当時、輸出が急増し、それゆえ世界が日本を非難し、日本の発展を妨げるために関税を引き上げたと思い、現在もそう思っているのだろうか。

日本人が、恐慌時、日本の輸出が急増していると誤認した理由は2つある。

1つ目は、円建てでの名目輸出額を見ていたことである。名目輸出額が急激に伸びたのは、為替が下落して円建てでの輸出額が増加したからであった。為替下落（円安）で輸出採算が回復し、日本企業は恐慌から脱却できた。

しかし、日本の輸出の世界貿易に対する影響はドル建てで見るべきである。為替が下落すれば日本の輸出企業の受け取る金額は増えるが、それで輸出量が増え、他国の生産量に影響を与えるわけではないからだ。

当時の国際連盟が世界各国の実質ドル建ての輸出額を公表している。実質ドル建てとは、米国が34年にドルを切り下げたので、切り下げ前のドルで評価しているという意味である。

日本の輸出増は見かけ倒し

—日本の実質ドル建て輸出額と円での名目輸出額—

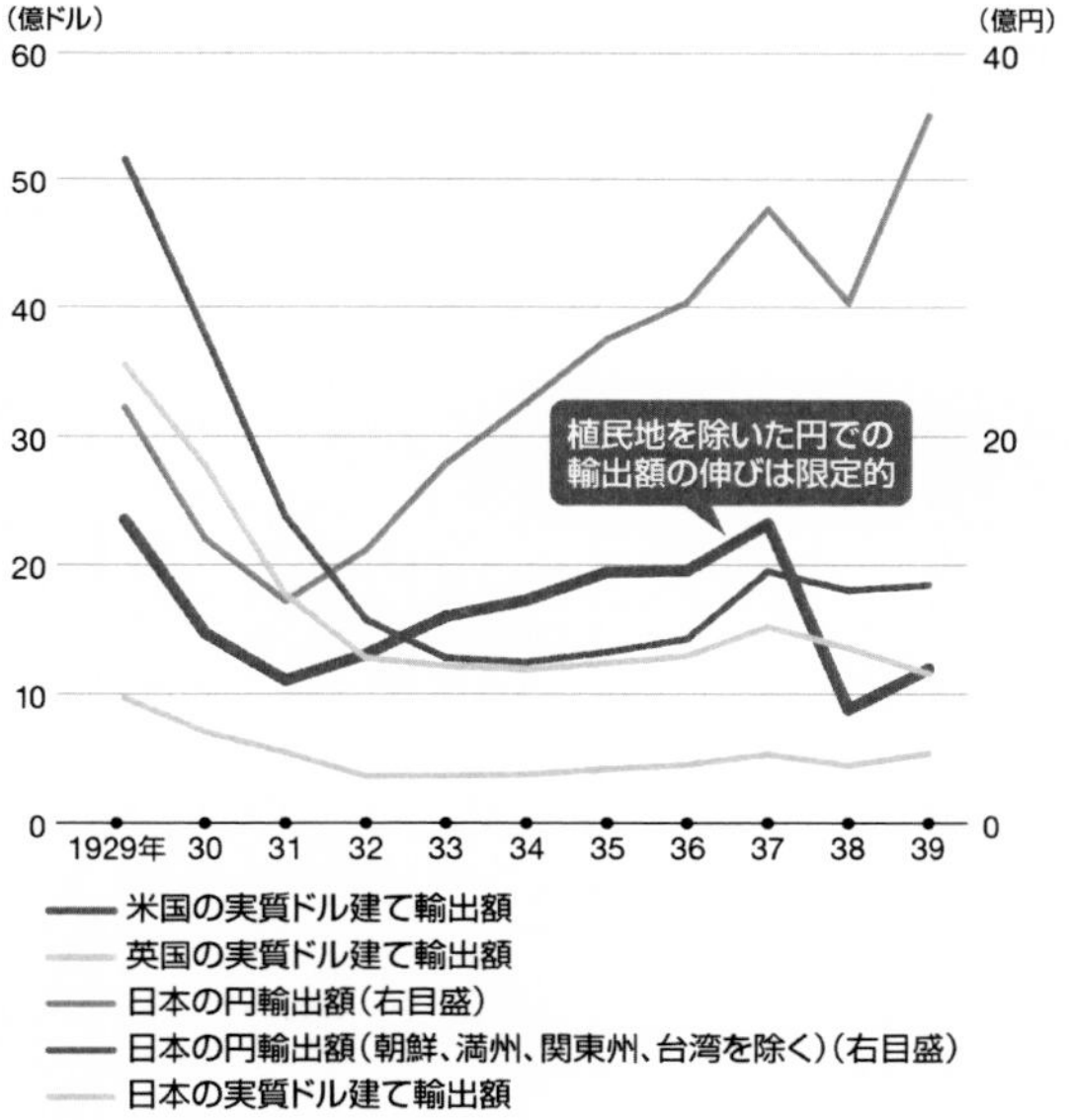

(出所)大蔵省「日本外国貿易統計」。League of Nations, "Review of World Trade, 1931-1939."

先のグラフからは、日本の輸出は円建てでは伸びているが、実質ドル建てでは伸びていないことがわかる。36年時点で世界輸出に占める各国のシェアは、日本は3・6％にすぎないのに、英国は10・4％、米国は11・4％あった。日本の輸出が世界経済秩序を混乱させるほど伸びていたという事実はない。

誤認の2つ目の理由は、日本の輸出の急増は、台湾、朝鮮、満州、関東州のように日本が実質的に支配している地域向けの増加によるものだったことだ。グラフに見るように、実質的な植民地を除くと伸びはわずかで29年のピークに届かなかった。しかも、日本の支配地域に輸出しても実質的に円で決済しているので外貨は稼げなかった。

「すごい」と思いたかった

日本の輸出が伸びていたのは、日本がこれらの地域の都市建設やインフラに投資していたからである。日本のお金で投資をして、現地で使われる資材を日本から輸出していたにすぎない。日本以外の諸外国はそんなところに投資したいとは思っていなかった。

もちろん、日本がアジアの支配を狙っているのではないかという疑念もあって、日本の中国侵略に対する非難は多々あった。しかし経済面に限ってみれば、日本の輸出は大して伸びてはいなかった。

では、なぜ当時の日本人は、日本の輸出がとてつもなく伸びていると思ったのだろうか。

右翼は「日本はすごいぞ」と思った、あるいは思いたかったということがある。東京帝大教授で、浜口雄幸内閣の井上準之助蔵相のブレーンでもあった渡辺銕蔵（てつぞう）は、「(世界大恐慌の中で）独り日本の輸出貿易はこの期間（31～37年）に約3倍に飛躍している」（渡辺銕蔵『日本と米国及び英帝国との貿易関係』渡辺経済研究所、40年）と得意げに書いている。

左翼も、このような輸出の伸長は世界を敵にするもので、平和を危うくすると思いたかった。マルクス経済学者の大内兵衛は、戦後になってからだが、「わが国の貿易額は解禁恐慌と世界恐慌との二重の打撃を受けたが、金輸出再禁止後の増勢は目覚しく、1936年には54億円台に躍進した」（日本銀行調査局特別調査室『満州事変以後の財政金融史』執筆：大内兵衛　日本銀行、48年）と誤った認識に基づき日本の輸出急増を描いている。

ではなぜ世界は日本に文句を言っていたのか、文句を言っていたのも幻か、という反論があるだろう。確かに米英やインドは日本の輸出に文句を言っていた。しかし日本は、米国とインドに対して、貿易赤字だった。

米国からは、主として日本が製造できない工業品（さらに、くず鉄と綿花）を輸入していたし、インドからは、日本の主要輸出品であった綿製品を製造するためのインド産綿花を大量に輸入していたからだ。英国に対しては、32年以降、貿易黒字であったが、その金額は時として日本の対米貿易赤字の10分の1程度で、大したものとはいえなかった。

日本の綿製品輸出に英国やインドがダンピングだ、不当な安売りだと文句を言っていたのは事実だが、それは綿製品産業関係者が言っているものだった。

それがどれだけの広がりを持っていたか、戦争にまでつながることだったかどうかは、戦後の日米貿易摩擦を考えればよい。繊維製品、家電、自動車、半導体とさまざまな摩擦があったが、だからといって国同士が戦争をしようということにはならなかった。多少問題があっても、何とか落ち着かせることはできるのだ。

以上見たように、日本が世界恐慌の中で一方的に輸出を伸ばして他国の需要を奪ったということはなかった。また、日本は世界全体に対して貿易赤字で、当然のこととして多くの国に対し貿易赤字であったのだから、やりようによっては、少なからぬ国を味方にすることができたはずである。

自ら道を誤った日本

日本は世界恐慌からいち早く脱却した。当時の日本の大胆な金融緩和策が成功し、割高な為替から逃れて輸出が伸び、それが国内購買力を刺激して景気が回復していたからである。このとき、日本の輸出が異常に伸び、それが世界の貿易秩序を乱していたなどということはなかった。

日本の実質輸出の伸びはわずかで、日本の景気回復とともに輸入が増大し、日本は貿易赤字国になっていった。であれば、日本は輸入を通じて世界経済の回復に役立っていたことになる。

日本は他国に対してその国の経済回復に貢献していると説得することができた。ＡＢＣＤ包囲網を打破するために軍事的冒険に走る必要はまったくなかった。日本は、存在しない事実に基づき、他国のささいな言いがかりに過剰に反応し自ら道を誤ったのである。

原田　泰（はらだ・ゆたか）
名古屋商科大学ビジネススクール教授。経済企画庁（現内閣府）、大和総研専務理事チーフエコノミスト、日銀審議委員などを経る。『日本国の原則』で石橋湛山賞受賞（２００８年）。

勝利を狙った「五号作戦」

【日中戦争】無謀な戦力分散のツケ

愛知大学非常勤講師・広中一成

1941(昭和16)年12月8日未明(日本時間)、日本海軍の飛行部隊がハワイの真珠湾を奇襲攻撃した。並行して陸軍はマレー半島に強行上陸し、シンガポールに向けて進撃を開始。ここに、およそ3年8カ月に及ぶ太平洋戦争の火ぶたが切られる。

それから2日後の12月10日、陸海軍と政府が戦争指導について協議する大本営政府連絡会議(以下、連絡会議)は、今回の米英戦争を「支那事変」(以下、日中戦争)と合わせて「大東亜戦争」(以下、アジア太平洋戦争)と呼称することを決定した。

1937年7月7日に勃発した日中戦争は、このときすでに5年目に突入していた。これに太平洋戦争も始まり、泥沼にあった中国戦線は、「後期日中戦争」という新たな局面を迎えていたのである。はたして日本は、日中戦争をどのように解決しようと考えていたのか。

太平洋戦争開戦前の41年11月15日、連絡会議は「対米英蘭蒋戦争終末促進ニ関スル腹案」を決定した。同案によると、今後中国に対しては、アジア太平洋戦争の成果を利用しながら、米英が重慶の国民政府（重慶政府）に軍需品を支援する輸送線、いわゆる援蒋ルートを断ち、彼らの抗戦意欲をくじいて、戦争継続を諦めさせようとしたのだ。「援蒋ルート」の「蒋」とは、当時の重慶政府の指導者・蒋介石のことである。

太平洋から東南アジアにまで戦線が広がる中、中国奥地で抵抗する重慶政府を武力で打倒することは、日本軍にとって至難の業だった。そのため、このようなやや回りくどい解決方法が取られたのである。

太平洋戦争開戦後、日本軍は緒戦で快進撃を重ねる。南方戦線は開戦から1カ月までに、香港とマニラを攻略。42年2月15日には、シンガポールの英軍を降伏させた。さらに、タイからビルマ（現ミャンマー）方面にも進攻し、3月8日には首都ラングーン（現在のヤンゴン）を占領する。

重慶武力進攻の検討

これにより、同地から雲南省昆明まで延びる援蒋ルートの1つであるビルマルートが遮断された。これを受けて、3月12日、東條英機首相は帝国議会の演説の中で「米英の対支援助の唯一の門戸たるラングーンを陥れ、いはゆるビルマ・ルートは皇軍の威力の前に完全に潰滅せらるに至つたのであります」と、日本軍の戦果を強調した。

翌13日、杉山元（はじめ）参謀総長は宮中に参内し、天皇に拝謁した。

杉山が残した記録をまとめた『杉山メモ（下）』によると、このとき杉山は天皇に対し、当面の対中戦略について、すでにビルマ公路を落とし、重慶政府に相当の影響を与えたと予想されるため、「過早に我より進んで右屈服工作を開始しまするは、却（かへつ）て逆効果を生ずるの虞（おそ）れが大でありまするので、別に定めらるる時機迄（まで）は之（これ）を行はざるやう致したいと存じます」（先を急いで、日本側から進んで屈服工作を始めると、かえって逆効果を生む可能性が大きいので、新たに決めた時まで実行しないようにしたいと思います）と、これまでの計画をいったん止める考えを示したのである。

これは、援蒋ルートを実際に断ったことにより、かえって日本の対中戦略に再考を促す結果をもたらしたということになる。ではその後、陸軍内ではどのような変化が起きたのか。

いち早く動き始めたのが、大本営陸軍参謀部（参謀本部）である。同部員の種村佐孝（すけたか）参謀の記録『大本営機密日誌』によると、3月27日、彼らは南方作戦が一段落した今こそ日中戦争解決の好機とし、「対重慶戦争指導要綱」の検討に入った。そして、「対重慶作戦は独ソ戦の推移を見定め、本年夏秋の候を目途として推進すること」にしたのであった。

この方針は腹案としてまとめられ、42年4月に陸軍の中国戦線を統括する支那派遣軍の畑俊六（しゅんろく）総司令官に内示される。

彼の勤務記録である『畑俊六日誌』によると4月6日、南方視察に訪れた杉山に対し、畑は「武力使用にあらざれば重慶屈服の外なし」と繰り返し述べ、重慶への武力進攻の必要性を訴えた。

参謀本部は支那派遣軍の意見を参考にしつつ、対中戦略の再検討に入る。その新たな方針は5月16日、田辺盛武（もりたけ）参謀次長から畑へと伝えられた。これは、今後の対中戦略はこれまでと同様、政戦略でもって重慶政府を屈服に追い込むが、「此（こ）の際、彼にして若し屈服せざるに於（おい）ては、情勢を勘案しつつ、来春以降要すれば機を見て更に積極的作戦を実施し」たいというものだった。

その具体的な作戦として、援蒋ルートの1つである西北ルートを遮断する「西安作戦」と、重慶など四川省要地の攻略を目指す「四川作戦」（重慶作戦）の2つを提案したのだ。

一方、支那派遣軍も6月16日、参謀本部に「対重慶武力解決案」を提出し、「西安作戦は四川作戦の準備行動として意義大に、又長沙、常徳作戦は総軍としては依然最重視しあるの意見を具申」する。湖南省の長沙と常徳はともに華中の重要拠点で、重慶へ向かう進路にも当たっていた。

その後、参謀本部は検討を重ね、8月末に西安、四川両作戦を1つにした「五号作戦計画」を取りまとめた。そして、実施に向けた準備に入るよう支那派遣軍など関係組織に命じた。

しかし、この五号作戦は間もなくして中止に追い込まれた。それはなぜか。

困却するは現地我々なり

参謀本部と支那派遣軍が重慶への武力進攻に向けて協議を行っていた頃、太平洋戦線は1942年6月7日、日本海軍がミッドウェー海戦で大敗北を喫したことで、米軍側が主導権を握る。8月7日には日本軍が占領していたソロモン諸島のガダルカナル島に米海軍が上陸し、米軍による本格的な反転攻勢が始まった。

参謀本部も五号作戦を立案した時点で、太平洋戦線が劣勢に陥っていることは承知していた。だからこそ同作戦は、あくまで準備の段階にとどめておいたのである。

『畑俊六日誌』によると、9月4日、河辺正三（まさかず）支那派遣軍総参謀長が、五号作戦準備の指示を受けるために上京した際、参謀本部から、「四川進攻作戦は全く一の賭博行為にして、これを以（もつ）て或（あるい）は局面を打開し得んかとする悲壮なる決心なり」と、現時点の戦況で作戦を実施に移すことは厳しい旨を告げられた。

また10月5日、南京の支那派遣軍総司令部を訪れた瀬島龍三大本営参謀は、畑に対し「五号作戦は、其（その）実行方針は不変なるも、諸般の状況は延期の止（や）むなき状況となれり。其原因は、主として輸送に充当すべき船舶の欠乏にあり」と述べたのであった。

畑は、「中央の云（い）ひ分も無理からぬことながら、軽挙の誣（そしり）を免れず。困却するは現地我々なり」と不満を表した。

結局、12月10日、参謀本部は、支那派遣軍司令部に対し、五号作戦の43年中の実行中止を命じる。そしてその後も、五号作戦は実施されることなく終戦を迎えたのだった。

先行きの見えない中国戦線にあって、五号作戦は太平洋戦争で日本が優勢だったわずかの間に現れた、「後期日中戦争」解決のあだ花であったといえよう。

広中一成（ひろなか・いっせい）
1978生まれ。愛知大学大学院中国研究科博士後期課程修了、博士。専門は中国近代史、日中戦争史、中国傀儡政権史。『後期日中戦争　太平洋戦争下の中国戦線』など。

【太平洋戦争】愚戦にした日本軍の未熟

岐阜女子大学南アジア研究センター特別研究員・笠井亮平

太平洋戦争終盤の1944年3月に実施されたインパール作戦。ビルマ（現ミャンマー）から国境を越えてインド北東部のインパール占領をもくろんだこの作戦は、戦闘の長期化や補給の途絶、感染症の蔓延を招き、さらにはモンスーンによる豪雨の中での壮絶な撤退を強いられるなど、さんざんな結果に終わった。英国側の推計では約3万5000人の日本軍将兵が戦死したとされる。

日本国内では、インパール作戦に対して印象がすこぶる悪い。作戦を主導した陸軍第15軍司令官の牟田口廉也（れんや）中将の独断専行。それを制止できなかったばかりか、作戦の失敗が明らかになった段階でも中止命令を下せなかったビルマ方面軍司令官の河辺正三（まさかず）中将の優柔不断。そして、理より情を優先して作戦を認可した陸軍参謀本部。今の日本でも、政府や企業で見通しの甘い方針や企画が検討される際に「インパールではないか」と言われるほど、この作戦は無謀さの代名詞とされることが少なくない。

こうした指摘はもっともだ。故国から遠く離れた異国の地で戦い、命を落とすことになった多くの将兵の無念さにやりきれない思いが募る。生存者の証言や回想録を読めば、「地獄」という表現は決して誇張ではない。

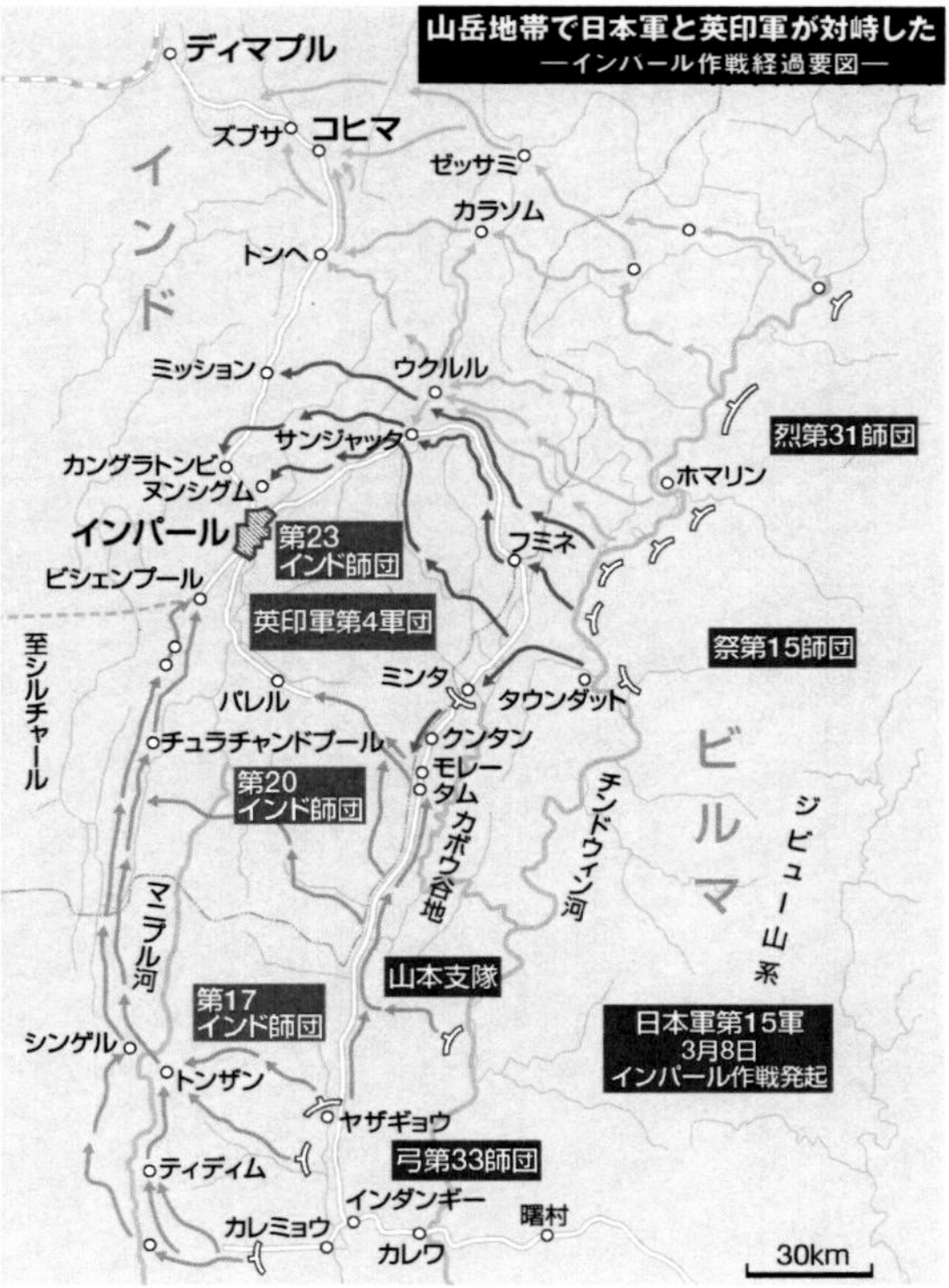
山岳地帯で日本軍と英印軍が対峙した
―インパール作戦経過要図―
ディマプル
ズブザ
コヒマ
ゼッサミ
カラソム
トンヘ
イ
ン
ド
ミッション
ウクルル
サンジャック
カングラトンビ
ヌンシグム
インパール
第23
インド師団
烈第31師団
ホマリン
フミネ
ビシェンプール
英印軍第4軍団
祭第15師団
至シルチャール
ミンタ
タウンダット
パレル
チュラチャンドプール
クンタン
モレー
タム
第20
インド師団
カボウ谷地
チンドウィン河
ビ
ル
マ
ジビュー山系
マニプル河
山本支隊
第17
インド師団
日本軍第15軍
3月8日
インパール作戦発起
シンゲル
トンザン
ヤザギョウ
弓第33師団
ティディム
インダンギー
曙村
カレミョウ
カレワ
30km

「東のスターリングラード」

これだけを見れば、インパール作戦は「愚戦」以外の何物でもない。しかし、日本軍とは異なる視点から捉えれば違った側面が浮かび上がるのでは——。そう考えるようになったのは、インパールなど激戦の舞台を訪問した際の、戦史に精通する現地コーディネーターとの議論がきっかけだった。

英国ではこの戦いは「東のスターリングラード」と称されるほどの激戦であり、同国史上「最大の戦い（グレイテスト・バトル）」であるというのだ。日本軍は敵である英印軍（英国人将校が指揮し、兵士はインド人が主体。将兵ともに英国人の部隊もあった）との戦い以上に無謀な作戦で自滅した、という日本の認識からすると、かなり斬新だった。

それだけ英印軍は日本軍を脅威として捉えていた。それは、英印軍第14軍を率いたスリム中将に、1942年に日本軍がビルマに進攻した際に手痛い敗北を喫したという苦い経験があったためだ。

スリムら英印軍将兵は這々（ほうほう）の体でインド北東部に逃れた。形勢立て直しを命じられたスリムは、日本軍が先手を取ってインド北東部に進攻してきた場合にも備えていた。ここで日本軍に打撃を与えればビルマ奪還という主目標の達成に有利な戦いを進められるためだ。逆に日本軍のインパール占領を許して要衝ディマプルにまで進軍されれば、対日戦に大きな影響を及ぼすだけでなく、英国のインド統治も揺らぎかねない。つまり、英国にとってこれは「絶対に負けられない戦い」だったのである。

そこでスリムは、ビルマ撤退戦で心身ともに疲弊した将兵の意識改革や食料・医療事情の改善、道路の整備など多岐にわたる取り組みに着手した。またインド北東部は密林が生い茂る丘陵地帯にさまざまな部族が住んでいるため、現地住民とのネットワーク構築も進めた。これには人類学者や民政部門の行政官ら、地域の実情を知るエキスパートも動員され、本国では日本語通訳官や翻訳官が急ピッチで養成された。こうした周到な準備が、実際の戦闘時に大きく役立つことになる。

肝心要なのは作戦立案だ。ビルマ撤退から間もない時期に英印軍上層部が想定していたのは、自軍からビルマに打って出て奪還を目指す方針だった。実際、42年末にはベンガル湾に面した要衝アキャブの奪還作戦を実施したが、現地の日本軍守備隊に撃退された。その後スリムは、今度は日本軍が攻勢に出てくると考え、インパール近くまで敵を引き込み、長期の行軍の末に補給線が延びきったところで反撃に転じ、徹底的にたたくべしと判断した。

これは消極的にも見え、攻勢を主張する司令官から反発があった。だが、ビルマ撤退時の筆舌に尽くしがたい経験を踏まえれば、こちらのほうが長期的には得策だとスリムは考えた。結果はそのとおりとなった。「グレイテスト・バトル」とは、戦闘の激しさとともに、戦いが持つ意味合いも含めての評価なのだろう。

一方の日本軍には「迷い」があった。ビルマ制圧直後に、インド北東部進攻計画「第21号作戦」が立案された。この作戦案は、後のインパール作戦（ウ号作戦）の原型といえるものだった。

ところが、この作戦は事実上棚上げとなってしまう。ミッドウェー海戦での敗北など当時の戦局が影響したとされているが、より根本的な要因がある。当時の日本軍はインドに対して確固たる戦略を持っておらず、そのための十分な基礎情報がなかった。陸軍の主眼は開戦まで中国とロシア（ソ連）に置かれ、インドの情報はなきに等しかった。この時点では、英印軍の立て直しは道半ばであり、しかもインド国内では独立運動が高揚していた。こうした動きを踏まえていれば、軍事作戦と独立支援を連動させ大きな効果を上げられる可能性があったのだ。

その後、藤原岩市（いわいち）少佐による特務機関「F機関」が投降インド兵によるインド国民軍（INA）を結成し、「岩畔機関」や「光機関」といった後継組織もインド・ビルマ国境地域などで積極的な情報収集活動や宣撫（せんぶ）工作を行った。しかし、遅きに失した。日本はインド国民会議派の有力指導者、チャンドラ・ボースを43年に招請するが、これも遅かった。

情報不足は、インパール作戦の立案にも影を落とした。牟田口は、やるならインパールのみならずアッサム進出の拠点となるディマプルの攻略まで視野に入れていたが、慎重派の河辺によって「インパールとその近辺の占領」という曖昧な形になった。これも、ディマプルやその前に位置するコヒマの重要性や現地の守備が手薄なことが共有されていれば、作戦内容も変わっていたかもしれない。

インパール作戦は愚戦だったという評価は変わりようがない。むしろ、「愚戦にしてしまった」のが事実だろう。中長期的な戦略構築、適切な情報収集と分析を怠った結果、インドが持つ重要性を軽視してしまったことが、日本にとって究極的には最大の敗因となったのである。

笠井亮平（かさい・りょうへい）

1976年生まれ。中央大学総合政策学部卒業、青山学院大学大学院で修士号。専門は日印関係史、南アジアの国際関係。著書に『インパールの戦い』など。

【高度経済成長】投資と消費の好循環で実現

東京大学名誉教授・武田晴人

1955年ごろから20年余り、日本は前例のない高成長の時代を経験した。高度経済成長と呼ばれた躍進ぶりは、「投資が投資を呼ぶ」と表現される時代をつくり出した。

60年、岸信介から政権を引き継いだ池田勇人首相は、「国民所得倍増計画」を掲げた。10年で国民総生産を2倍にする内容で、実現は到底不可能との大方の予想を裏切り、それを超える成長を実現した。

技術革新を目標とする主要産業における設備投資競争は、規模の経済の効果などもあって企業の生産性を高め、コスト低下によって日本製品の国際競争力向上に貢献した。こうして産業構成の高度化が進展し、少し遅れて輸出構成も高度化し先進国の仲間入りを果たした。

経済成長は国の総産出量で測られるから、人口増加なども重要な要素となるが、それ以上に重要なのは、働き手1人当たりの産出量の増加をもたらす産業ごとの生産性上昇であった。また、高生産性分野へと産業構成が変化することで国全体では成長のテンポも速くなる。このように高度成長は、人口の増加、産業ごとの生産性の上昇、そして産業構成の変化の3つの要因によって実現した。

高度成長の前半期には外貨の保有高や輸出が注視されていたが、それは原材料などの輸入が成長に不可欠だったからだ。成長への寄与率で見ると、輸出は民間設備投資に大きく及ばなかった。日本の高成長は、旺盛な内需(投資と消費)によって実現したもので、輸出は補助的な役割でしかなかった。

旺盛だった設備投資

企業の設備投資は55〜70年に年平均で17%を超える増加率を示し、少し遅れて個人消費支出も順調に拡大した。比喩的にいえば、高度成長期の日本は設備投資と個人消費支出という2つのエンジンを持っていた。

この2つのエンジンは、機械工業の発展に密接に関連していた。設備投資のための産業機械などの供給だけでなく、家電、自動車など耐久消費財の供給もともに機械工業によって担われた。つまり投資財需要も家計の耐久消費財需要も機械工業の発展の基盤であり、その需要拡大によって循環的な経済拡大がもたらされた。

機械工業は雇用誘発効果が高く、裾野が広い産業組織の下で幅広い波及効果を持っていた。労働生産性の上昇を追求する限り、生産品単位当たりの必要労働量は減少し、雇用減少につながりうる。

しかし、所得倍増計画などの強気の経済見通しに背中を押されて企業は積極的に拡張投資を行い、これによって雇用はむしろ拡大に向かった。鉄鋼や石油化学のような重厚長大産業では雇用拡大に限界があったが、機械生産は部品生産にも組み立てにも多くの労働力を必要とし、雇用拡大の主役となった。

この雇用拡大の下で働き手の実質賃金が着実に上昇した。労使交渉は50年代後半以降、「春闘方式」と呼ばれる賃金交渉で毎年、着実な賃金引き上げを実現した。

技術革新投資により高い利益を実現した企業は、労使協調の考え方に基づいて生産性上昇の成果の一部を働き手にも分配した。大企業部門の賃金水準上昇に牽引されて、中小零細企業などの賃金水準も改善に向かい、さらに所得格差是正のための農業政策が農業所得水準の改善にも寄与した。

このように内需主導の経済発展において原動力の1つとなった個人消費の拡大の基盤は、実質賃金の確実な上昇であった。消費者は、洗濯機、テレビなどの耐久消費財を月賦販売なども利用しながら先を争うように購入し、生活の豊かさや利便性を求めるようになり、大衆消費社会と呼ばれる豊かな社会をつくり出した。

急激な経済成長の中で、都市の過密化や産業公害の多発などの問題も発生した。70年に大阪で開催された万国博覧会は、日本の繁栄を謳歌する祭典であったが、他方で水俣病をはじめとする四大公害による被害は深刻化した。

また、自動車などの排ガスによる都市部での大気汚染は、光化学スモッグなどによる被害を生んだ。このほかにもサリドマイド薬害やＰＣＢ（ポリ塩化ビフェニール）の廃棄などが社会問題化し、これらに異議を申し立てる市民運動の動きが、企業寄りの政策運営に対する強い批判となって巻き起こった。そのため、７０年代にかけて政府は、公害対策などに本格的に取り組むようになった。

また、消費者物価の上昇への対応や社会保障制度の充実などが政策課題となり、経済成長を追求する政策の見直しが求められた。

高度成長の終焉

１９７１年のニクソンショックに始まる国際的な通貨調整と、７３年秋からの２回にわたる石油危機を契機に、高成長経済は終焉を迎え、８０年代以降に経済成長は大幅にスローダウンした。

局面の転換は通貨調整や石油危機などの外生的なショックをきっかけとしていたとはいえ、それらは本質的な問題ではなかった。

円高になっても日本の輸出は堅調で、機械工業分野では自動車、工作機械などが80年代には世界市場で高い競争力を保ち、輸出拡大は欧米諸国との貿易摩擦を引き起こすほどであった。原油価格上昇も省エネの努力によってかなり吸収され、一部の業種を除けば、産業発展を長期的に制約したわけではなかった。

外生的なショックによって高い成長への期待がしぼむとともに企業の投資行動は慎重になった。設備投資の牽引力が弱まり、重厚長大産業では規模の経済による生産性上昇が難しくなった。加えて、消費面では、画一的な商品の大量消費ではなく、消費者のさまざまな嗜好に合わせた個性的商品が選好されるようになり、その結果、それらの商品の生産にも規模の経済が働きにくくなった。

それは、コスト低下を鈍らせ、企業の収益力をそいだ。2つのエンジンは出力を落とした。さらに、消費活動が多様なサービスに向かうにつれて、生産性上昇の難しいサービス部門が拡大した。この「サービス産業化」は、相対的に低生産性分野の産業構成比を高めた。また、人口によるボーナスが失われたことも、高成長の条件を消滅させた。

経済活動の根幹の部分で進行した変質は、高度経済成長期を「歴史」に変えた。それは、経済発展の1つの段階で訪れる輝かしい時代ではあったが、永続を期待できるものではなかった。

それが「歴史」であることは、日本の成長率の鈍化ときびすを接して生じた、東アジアにおける高成長経済の登場によっても示されている。台湾や韓国、そして中国は高い経済成長を実現するようになった。それぞれ政治体制を異にし、韓国や台湾では輸出依存度が高いなどの違いがあるとはいえ、いずれも産業発展によって半導体や電子機器などの世界有数の生産国となり、それによる雇用拡大を通して生活水準の上昇をもたらす方向に働き、大衆消費社会へと近づいたことは共通する。

このように、高度経済成長は、80年代以降に東アジアを中心に登場する「高成長経済」として再現された。しかし、日本がそうであったように、これらの国々の高成長も長続きせず、いずれ成長率は鈍化することになる。

現在の日本では、過去の栄光を追うような経済成長への期待をあおる言説も少なくない。しかし、経済構造の本質的な部分での変化に加えて、地球環境の限界などもあって、もはや再現不可能な夢となっている。

武田晴人（たけだ・はるひと）

1949年生まれ。専攻は経済史。『高度成長』『日本人の経済観念』『「国民所得倍増計画」を読み解く』など著書多数。個別の企業史にも詳しい。

【歴史認識】存在しない「正しい歴史」

神戸大学大学院教授・木村　幹

主観的要素というものは、すべての歴史的把握のうちに必然的に存在して、これを根絶することはできない。個々の事変は、歴史的考察によって初めて、同時代に起こった事変の無際限なる集団のうちから拾い上げられて、一個の歴史上の出来事となる——。今から約100年前、ドイツの歴史学者であるエドワルト・マイヤーが記した一文だ。

過去には無限の出来事があり、そのすべてをそのまま取り上げ再現することはできない。言い換えるなら、歴史とは決して過去の事象そのものではない。それは、無限に存在する過去の出来事から、ある人々が彼ら自身の主観に即して特定の事物だけを取り上げ作り出した、1つの「物語」にしかすぎないのである。

そのことは世の中に唯一絶対的に「正しい歴史」など存在しないことを意味している。過去の事象を真摯かつ実証的に探究すればやがて「正しい歴史」に到着する、と考えるのはあまりにも素朴だ。

学校で教えられる「歴史」もその例外ではない。教科としての日本史も世界史も、過去の事象のすべてを教えるものではなく、特定の基準で選ばれた限られた事象に触れるにすぎない。

しかし、日本人はこのような歴史の「メカニズム」に無頓着だ。筆者は、日韓両国政府が歴史認識問題の解決のために実施した「日韓歴史共同研究」の委員の一人として、教科書記述を検討する「教科書小グループ」にいたことがある。この共同研究でしばしば紛糾を引き起こしたのが、両国間での「正しい歴史」をめぐる理解の違いだった。

「正しい歴史」と言われると日本人は「事実にかなった歴史」のことと考える。だから、韓国側に日本の歴史が「正しくない」と指摘されると、書かれている史実の正確さをもって反論しようと試みる。

しかし、この反応は韓国側から見ればピントを大きく外している。彼らが問題にするのは、教科書などの記述に「なぜその史実が選択されているか」だからだ。

歴史とは、膨大な史実から誰かが特定の基準で、特定の史実のみを選んで紡ぎ上げたものだ。この点、韓国の人々は〝確信犯〟であり、この歴史のからくりをよく理解している。日本人の持つ歴史への考え方は、時にあまりにも素朴であり、歴史がどのようなからくりになっているのかを忘れている。

歴史とは特定の基準による、過去の事実を用いた語りであり、だからこそ、その基準が異なれば異なる歴史が生まれることになる。こうしてみると、相対的に明確な「基準」を持つのは日本史のほうだ。日本史は、どこまでも日本国民を形成することになる人々の歴史であり、それがいかに形成され発展してきたかを示す「国民史」の「物語」だ。その点が顕著なのはペリー来航以降、つまり近現代史においてだ。日本国民が列強の脅威をいかにはねつけ、富国強兵や殖産興業を果たし、列強、さらには先進国の一員となったかが誇りを持って語られる。

世界史では「物語」のあり方が大きく異なる。その「物語」が地域的あるいは学術的に分断された複数の「基準」から編み出されているためだ。結果、世界史では教科書の各所で東アジアと南アジア、西アジアと欧州、さらには新大陸ほかの地域についてバラバラの「物語」が異なる「基準」で語られる。先に語られた「物語」が回収されることなく突如終了し、次のまったく異なる物語が開始される。

「物語」性が相対的に明確な日本史では、多くが「日本人としての私たち」の目線で描かれ、どこかで現在の私たちの生活と結び付く前提で紡ぎ出されている。しかし、「物語」のパッチワークにすぎない世界史には全体を貫く「物語」は存在せず、それぞれの話が現在の私たちとどう結び付いているかさえわからない。だからこそ、そこに書かれている歴史的事実と距離を置いて、客観的に見ることもできる。

誇らしい出来事への見方

教科としての日本史と世界史は、同じ「歴史」のカテゴリーだが性格を大きく異にする。つまり、日本史はわれわれの住む社会について考える科目であり、公民に近い性格を持つ。他方、雑多で断片的な「物語」のパッチワークから成る世界史は、それが明確な体系を持っていないという意味において、さまざまな事実をさまざまな視角から教える地理に近い。

では、このような性格を持つ日本史と世界史が統合されるとどうなるか。明らかなのは、日本史部分が「国民史」としての性格を放棄しない限り、世界史部分に「国民史」的な物語が流入する可能性が強いということだ。その結果は、「世界の中での日本の歴史」という「物語」になるだろう。

だがそういった物語の流入は、さまざまな問題を起こすことになる。例えば、日本史ではペリー来航から日露戦争に至る道程は、日本が近代国家に成長し列強と肩を並べるまでのサクセスストーリーとして語られる。しかし、この「誇らしい」出来事は、世界史の文脈では異なる意味を持つ。現在、列強が世界を支配し多くの植民地を有した時代は必ずしも好ましいものとは見なされていないからだ。

そしてこの矛盾は、日本の植民地支配に関わる記述に顕著に表れるだろう。あるいは、日本の近代化の結果としての台湾や朝鮮半島などにおける植民地支配を、日本人側と現地人側から見た形での「両論併記」で乗り切ろうとする教科書も出てくるかもしれない。

しかし、仮に「物語」の全体的な基調が「国民史」的な性格を有しており、現在のような「列強の一員となること」を肯定的に捉えるものならば、その語りを受ける人々の理解は植民地支配を容認する方向へと導かれる。それは、今日の国際社会の風潮に逆行する。

これは、第2次世界大戦後の歴史でも同じだ。例えば、朝鮮戦争を起こした最大の要因は朝鮮半島の南北分断であり、その南北分断を起こしたのは北緯38度線を挟んだ米ソ両大国の分割占領だった。それでは、朝鮮半島はなぜ連合国に占領されることとなったのか。朝鮮半島が日本の植民地だったからだ。敗戦国日本の領土だったからこそ連合国に占領され、その分割ラインがたまたま朝鮮半島の真ん中に引かれたわけである。

しかし、現状の日本史ではこれらの事情にほとんど触れない。なぜなら、戦後の朝鮮半島は世界史の一部と見なされているからだ。言い換えれば、日本史と世界史を切り分けることで、民主主義的で平和主義的な新たな経済大国としての繁栄という現代史における国民史的な物語に、それにふさわしくない語りが入らないようにしている。しかし、日本史と世界史が統合されると、このような歴史の切り離しは不可能になる。

敗戦後の日本植民地や軍事占領地の処理・分割問題は、中国や台湾、そしてベトナム戦争など東南アジアの混乱にも長い影を落としている。これらをどうやって1つの「物語」へとまとめ上げるのかは簡単ではない。

木村　幹（きむら・かん）
1966年生まれ。京都大学法学部卒業、同大博士。愛媛大学などを経て現職。『歴史認識はどう語られてきたか』『朝鮮半島をどう見るか』『韓国現代史』など著書多数。

世界と日本の近現代史がわかる60冊

近年はグローバルな視点からの歴史研究が進む。より深く、より愉（たの）しく歴史を理解するためのブックガイド。

【世界の中の日本近現代史】

『愛国・革命・民主　日本史から世界を考える』
世襲身分制を壊す大改革だった明治維新を3つの視座から検討し、東アジアや西洋を理解する。

三谷　博：著　筑摩選書　2013年　1980円

『明治維新の意味』

異例の速さで国家制度を樹立できたのはなぜか。幕末から改革の終わりまでを解析する。

北岡伸一：著　新潮選書　2020年　1925円

『文明史のなかの明治憲法　この国のかたちと西洋体験』

木戸、大久保、伊藤、山縣らの西洋体験に注目し、憲法成立、日本型立憲国家の誕生までを追う。

瀧井一博：著　講談社選書メチエ　2003年　1650円

『世界のなかの日清韓関係史　交隣と属国、自主と独立』

日清戦争に至る東アジアの国際関係を、朝鮮半島をめぐる日清韓の力関係から描き出す。

岡本隆司：著　講談社選書メチエ　2008年　1650円

『満蒙　日露中の「最前線」』

ロシアが設立した中東鉄道と満鉄との権益争い、ソ連と奉天派の対決。満蒙から解き明かす国際政治史。

麻田雅文：著　講談社選書メチエ　2014年　2035円

『戦後史の解放』Ⅰ・Ⅱ（前・後）
歴史認識とは何か、自主独立とは何かをテーマに、国際政治史の専門家が著した日本政治史。
細谷雄一：著　新潮選書　2015年、18年　Ⅰ：1540円／Ⅱ：1430円

『決定版　大東亜戦争』（上・下）
複数の歴史家がイデオロギーを排し、15年に及んだ戦争を論考。戦争指導体制から歴史の教訓まで。
波多野澄雄、戸部良一ほか：著　新潮新書　2021年　上：902円／下：946円

『「大日本帝国」崩壊　東アジアの1945年』

朝鮮、台湾、樺太、南洋群島などで迎えた敗戦の実態を追い、大日本帝国の本質を明らかにする。

加藤聖文：著　中公新書　2009年　902円

『日米戦争と戦後日本』

真珠湾から半年余りで立案されていたアメリカの占領政策は、戦後日本にどう作用したのか。

五百旗頭　真：著　講談社学術文庫　2005年　1100円

『日本占領史1945－1952　東京・ワシントン・沖縄』

非軍事化、民主化に始まり、反共親米化、経済復興、日米安保へと変化していった占領政策を描く。

福永文夫：著　中公新書　2014年　990円

『増補・海洋国家日本の戦後史　アジア変貌の軌跡を読み解く』

「アジア」誕生から冷戦の溶解まで、戦後の海域アジアの経済発展に日本が果たした役割を探る。

宮城大蔵：著　ちくま学芸文庫　2017年　1210円

『日本の〈現代〉2　アジアのなかの日本』

福田ドクトリンから30年、アジアと日本の政治、経済の軌跡を振り返り、その意味を考える。

田中明彦：著　NTT出版　2007年　2640円

『憲法誕生　明治日本とオスマン帝国　二つの近代』

オスマン帝国近代史を専門とする著者が、両国の憲法の成立過程を比較し、国家について考察する。

新井政美：著　河出書房新社　2015年　2640円

『二つの戦後・ドイツと日本』

占領政策の違い、経済復興、東西冷戦への対応など、戦後の国際関係の中での両国を比較する。

大嶽秀夫：著　NHKブックス　1992年　908円

『「維新革命」への道　「文明」を求めた十九世紀日本』

荻生徂徠、本居宣長らに注目し、維新以前にすでに文明は開化していたことを示す。画期的思想史。

苅部　直：著　新潮選書　2017年　1430円

【19～20世紀の世界】

シリーズ　日本の中の世界史　『「連動」する世界史19世紀世界の中の日本』
国際関係の中で形成される「世界史の傾向」が、日本に土着化し、明治国家が成立した過程を描く。

南塚信吾：著　岩波書店　２０１８年　２６４０円

『２０世紀のグローバル・ヒストリー　大人のための現代史入門』

高校レベルの知識を前提に、西洋、東洋、日本の現代史を国別ではなく地球規模の視点から語る。

北村　厚：著　ミネルヴァ書房　２０２１年　３０８０円

『２０世紀の歴史　両極端の時代』（上・下）

イギリスの歴史家が、世界大戦、冷戦と戦後の繁栄、社会主義の終焉などを自らの経験とともに語る。

エリック・ホブズボーム：著　大井由紀：訳　ちくま学芸文庫　２０１８年　上：１８７０円　下：２０９０円

『二〇世紀の歴史』

帝国主義の台頭、2度の世界大戦、植民地の拡大、冷戦激化、帝国世界解体までの流れをたどる。

木畑洋一：著　岩波新書　2014年　990円

『暗黒の大陸　ヨーロッパの20世紀』

時代の暗部にも光を当て、多角的な視点からヨーロッパ現代史を再定義。原書は1998年刊行。

マーク・マゾワー：著　中田瑞穂、網谷龍介：訳　未来社　2015年　6380円

『世界史のなかの文化大革命』

文革は中国特有の現象なのか、ほかの国や時代でも起きるのか。グローバルな目線で文革を捉え直す。

馬場公彦：著　平凡社新書　2018年　1012円

【世界大戦】

『世界史としての第一次世界大戦』

ポピュリズム、ナショナリズムなど、現代と類似する大戦前夜。最近の研究を基に専門家が分析。

飯倉　章、山室信一、小野塚知二、柴山桂太ほか：著　宝島新書　２０２０年　１２１０円

レクチャー　第一次世界大戦を考える　『複合戦争と総力戦の断層　日本にとっての第一次世界大戦』

青島やシベリアへの出兵、英国、中国、米国との外交戦という複合戦争となった大戦の実像に迫る。

山室信一：著　人文書院　２０１１年　１６５０円

『日独伊三国同盟の起源　イタリア・日本から見た枢軸外交』

イタリアと日本の外務省に着目し、同盟の形成、機能不全を起こして構造的崩壊に至るまでを描く。

石田　憲：著　講談社選書メチエ　2013年　1760円

『独ソ戦　絶滅戦争の惨禍』

凄惨を極めた独ソ戦はなぜ、いかに展開されたのか。定説を排し、史実から本質を明らかにする。

大木　毅：著　岩波新書　2019年　946円

『ニュルンベルク裁判　ナチ・ドイツはどのように裁かれたのか』

「平和に対する罪」「人道に対する罪」が問われた国際軍事法廷。ナチ・ドイツの戦争犯罪の全貌を描く。

アンネッテ・ヴァインケ：著　板橋拓己：訳　中公新書　2015年　902円

【冷戦】


『冷戦　アメリカの民主主義的生活様式を守る戦い』

内外の冷戦研究の蓄積を取り込み、アメリカ外交史の文脈から冷戦の全容を読み解いた概説書。

佐々木卓也：著　有斐閣　2011年　1870円

『アジア冷戦史』

地域特有の背景を踏まえ、ソ連崩壊後に公開された文書や証言から、中ソ対立などの冷戦史を追う。

下斗米伸夫：著　中公新書　2004年　836円

『ヨーロッパ冷戦史』

分断の始まりからベルリンの壁崩壊後の統合まで、ドイツを中心に最新の研究で国際政治史を分析。

山本　健：著　ちくま新書　２０２１年　１３２０円

【国際関係・帝国・植民地】

『グローバル・ヒストリーとしての独仏戦争　ビスマルク外交を海から捉えなおす』

軍艦調達をめぐる対米打診、仏海軍対策、日中での停戦工作など、知られざる近代史に光を当てる。

飯田洋介：著　ＮＨＫブックス　２０２１年　１６５０円

『国際連盟　世界平和への夢と挫折』

紛争解決という理想の下に誕生した組織の２６年間をたどり、日本および日本人の反応も描き出す。

篠原初枝：著　中公新書　２０１０年　８８０円

『国連と帝国　世界秩序をめぐる攻防の20世紀』

創設時の各国の動きを詳細に振り返り、アメリカ主導説や国際連合との非継続性などの通説を覆す。

マーク・マゾワー：著　池田年穂：訳　慶應義塾大学出版会　2015年　3080円

『イギリス帝国の歴史　アジアから考える』

現在のアジア太平洋経済圏のシステム基盤を作った、18世紀から20世紀末の帝国の軌跡を追う。

秋田　茂：著　中公新書　2012年　968円

『国境は誰のためにある？　―境界地域サハリン・樺太―』

100年間に国境が何度も変わり、住民が移動したサハリン・樺太から、国境の意味を平易に説く。

中山大将：著　清水書院　2019年　1100円

『植民地　20世紀日本帝国50年の興亡』

日本帝国主義史の専門家による日本の植民地の歴史。帝国の形成や日本型システムを明らかにする。

マーク・ピーティー：著　浅野豊美：訳　慈学社出版　2012年　4180円

【産業革命・高度成長・世界経済史】


『グローバル経済史入門』

グローバルヒストリーの視点から14世紀以降の経済史を見る。アジアを中心とした文脈で考察。

杉山伸也：著　岩波新書　2014年　946円

『戦後世界経済史　自由と平等の視点から』

世界全体を俯瞰し、経済の政治化、自由と平等の相克など市場化による変化の本質に迫る。

猪木武徳：著　中公新書　2009年　1034円

『日本の産業革命　日清・日露戦争から考える』

「殖産興業」が「強兵」に転換する過程をたどり、産業革命と対外侵略、戦争との関係を考察する。

石井寛治：著　講談社学術文庫　2012年　1298円

世界史リブレット『産業革命』

イギリスで最初に起きた理由、意義や影響など、産業革命の歴史を最新の研究成果を基に描く。

長谷川貴彦：著　山川出版社　2012年　802円

歴博フォーラム『高度経済成長と生活革命　民俗学と経済史学との対話から』

高度経済成長とは何だったのか。可能にした条件、人口移動、生活変化など、学際的に考える。

国立歴史民俗博物館：編　吉川弘文館　2010年　3300円

シリーズ日本近現代史8　『高度成長』

経済の近代化を求められた時代から経済大国になるまでの軌跡を、政治の思惑、歪みを含め考察。

武田晴人：著　岩波書店　2008年　946円

『高度成長　日本を変えた六〇〇〇日』

マクロ経済学者が自らの体験を交え、経済と歴史の両面から考察する。1997年から読み継がれる1冊。

吉川　洋：著　中公文庫　2012年　880円

【民主主義・自由主義】

『リベラルとは何か　17世紀の自由主義から現代日本まで』

新自由主義やポピュリズムに揺れるリベラル。理念の変遷と政治の実態、日本での挫折にも迫る。

田中拓道：著　中公新書　2020年　902円

『現代民主主義　指導者論から熟議、ポピュリズムまで』

ウェーバー、ムフらの思想や理論を紹介し、多様化する現代民主主義を俯瞰。今後の展望を探る。

山本　圭：著　中公新書　2021年　946円

『戦後民主主義　現代日本を創った思想と文化』

社会運動、政治家、映画などに注目し、戦後民主主義が日本社会に与えた影響を明らかにする。
山本昭宏：著　中公新書　2021年　1012円

【国民国家・ナショナリズム】

ニューヒストリー近代日本『客分と国民のあいだ　近代民衆の政治意識』
維新後の近代社会に反発し、客分意識を持つ民衆が、対外戦争で一体化していく意識の変化を追う。
牧原憲夫：著　吉川弘文館　1998年　2860円

『ナショナリズムとは何か』

人々を結び付ける反面、衝突の原因にもなるナショナリズムの全体像を、大家が紹介する入門書。

アントニー・D・スミス：著　庄司　信：訳　ちくま学芸文庫　2018年　1430円

『中国ナショナリズム　民族と愛国の近現代史』

中華民族にとってのナショナリズムとは？　清朝末期から現代までの120年の歴史の中で考える。

小野寺史郎：著　中公新書　2017年　946円

【移民・交流・社会史】


『移民の世界史』

人の移動を巡礼者、労働者、難民など44のテーマに分け、全体像を捉える。写真、地図、グラフも。

ロビン・コーエン：著　小巻靖子：訳　東京書籍　2020年　2860円

『移民国家アメリカの歴史』

世界の人流の中で移民を捉え、移民国家の成立と変化、アジア系移民の経験からアメリカ史を再考。
貴堂嘉之：著　岩波新書　２０１８年　９２４円

『甘さと権力　砂糖が語る近代史』

産業革命の大きな要因であり、労働者の栄養源にもなった砂糖を軸に、社会の変化と世界史を考察。

シドニー・W・ミンツ：著　川北　稔、和田光弘：訳　ちくま学芸文庫　２０２１年　１６５０円

『茶の世界史　緑茶の文化と紅茶の社会　改版』

イギリスの紅茶文化は綿とともに資本主義を育てる役割を果たした。世界史を動かした茶を語る。

角山　栄：著　中公新書　２０１７年　８３６円

『ジャズ・アンバサダーズ「アメリカ」の音楽外交史』

ジャズはアメリカを宣伝した一方、批判、連帯の意味も持つ。国際政治史に果たした役割を考える。

齋藤嘉臣：著　講談社選書メチエ　2017年　2200円

【感染症】


『人類と病　国際政治から見る感染症と健康格差』

天然痘などを国際協力で封じ込めてきた歴史を振り返り、感染症といかに闘うべきかを論考する。

詫摩佳代：著　中公新書　2020年　902円

『感染症の中国史　公衆衛生と東アジア』

ペスト、コレラなど蔓延する感染症被害の実態、公衆衛生モデルを日本に求めた中国の苦闘を描く。

飯島　渉：著　中公新書　２００９年　９０２円

日本史リブレット『感染症の近代史』

開港により伝染病が流行した近代日本。西洋医学の受け入れ、医療行政など感染症対策を振り返る。

内海　孝：著　山川出版社　２０１６年　８８０円

【人種問題・移民排斥】

『黄禍論　百年の系譜』

アメリカの政治、社会に潜む黄禍論がコロナ禍でよみがえった。人種主義的思考の歴史をたどる。

廣部　泉：著　講談社選書メチエ　２０２０年　１８１５円

『アメリカの排日運動と日米関係　「排日移民法」はなぜ成立したか』

　1924年の成立までの経緯、移民問題と日米関係など、日本人移民排斥の歴史を膨大な資料から詳述する。

簑原俊洋：著　朝日選書　2016年　1760円

【歴史認識】


『国家と歴史　戦後日本の歴史問題』

　教科書、慰安婦、個人補償請求などの問題を追い、国家が歴史にどう関わるべきかを考える。

波多野澄雄：著　中公新書　2011年　968円

『日韓歴史認識問題とは何か　歴史教科書・「慰安婦」・ポピュリズム』

　ナショナリズムの高まり、エリートの政治統治不全など、歴史認識問題で対立し続ける理由を探る。

木村　幹：著　ミネルヴァ書房　2014年　3080円

【週刊東洋経済】

本書は、東洋経済新報社『週刊東洋経済』2021年11月20日号より抜粋、加筆修正のうえ制作しています。この記事が完全収録された底本をはじめ、雑誌バックナンバーは小社ホームページからもお求めいただけます。

小社では、『週刊東洋経済 eビジネス新書』シリーズをはじめ、このほかにも多数の電子書籍ラインナップをそろえております。ぜひストアにて「東洋経済」で検索してみてください。

『週刊東洋経済 eビジネス新書』シリーズ

No.375　郵政崩壊
No.376　脱・ストレスの処方箋
No.377　働き方と経営の法律
No.378　コロナ倒産危機
No.379　車載半導体　争奪戦

No.380　マルクス vs. ケインズ
No.381　医療テック最前線
No.382　漂流する東芝
No.383　不動産投資　光と影
No.384　コンサル全解明
No.385　大転換の商社ビジネス
No.386　会社とジェンダー
No.387　全解明　経済安全保障
No.388　ソニー　掛け算の経営
No.389　2050年の中国〔前編〕
No.390　2050年の中国〔後編〕
No.391　相続の新常識
No.392　無敵の文章術
No.393　物流　頂上決戦

No.394　すごいベンチャー2021〔前編〕
No.395　すごいベンチャー2021〔後編〕
No.396　米国株　超入門
No.397　ビジネスと人権
No.398　無敵の話し方
No.399　EV　産業革命
No.400　実家のしまい方
No.401　みずほ　解けない呪縛
No.402　私大トップ校　次の戦略
No.403　ニッポン再生　7つの論点
No.404　マンション管理

週刊東洋経済eビジネス新書　No.405
学び直しの「近現代史」

【本誌（底本）】
編集局　　長谷川　隆、福田恵介
デザイン　熊谷直美、川邊玲奈
進行管理　三隅多香子
発行日　　2021年11月20日

【電子版】
編集制作　塚田由紀夫、長谷川　隆
デザイン　市川和代
制作協力　丸井工文社
発行日　　2022年10月6日　Ver.1

発行所　〒103-8345
東京都中央区日本橋本石町1-2-1
東洋経済新報社
電話　東洋経済カスタマーセンター
03（6386）1040
https://toyokeizai.net/
発行人　駒橋憲一

電子書籍化に際しては、仕様上の都合などにより適宜編集を加えています。登場人物に関する情報、価格、為替レートなどは、特に記載のない限り底本編集当時のものです。一部の漢字を簡易慣用字体やかなで表記している場合があります。本書は縦書きでレイアウトしています。ご覧になる機種により表示に差が生じることがあります。

※本刊行物は、電子書籍版に基づいてプリントオンデマンド版として作成されたものです。